LA FAMILLE ET LA JEUNESSE
DE J.-J. ROUSSEAU

COULOMMIERS
Imprimerie PAUL BRODARD.

EUGÈNE RITTER

DOYEN DE LA FACULTÉ DES LETTRES DE GENÈVE

LA

FAMILLE ET LA JEUNESSE

DE J.-J. ROUSSEAU

> Il est très utile de commencer par le commencement, et quand on en a le moyen, de prendre l'écrivain supérieur dans son pays natal, dans sa race.
>
> SAINTE-BEUVE.

PARIS

LIBRAIRIE HACHETTE ET Cie

79, BOULEVARD SAINT-GERMAIN, 79

1896

PRÉFACE

Il y a plus de trente ans que le hasard de mes lectures me fit découvrir, dans les registres du Consistoire de Genève, une anecdote inédite sur la famille de Jean-Jacques Rousseau. Cette première trouvaille m'intéressa vivement; et dès lors, je n'ai jamais perdu de vue ce sujet d'études. D'année en année, j'ai mis à mes recherches plus de soin et de persévérance; quelques chances heureuses m'ont encouragé de temps à autre; et j'ai toujours été soutenu par l'appui d'aimables confrères, parmi lesquels je dois une particulière reconnaissance à MM. Albert de Montet et Louis Dufour-Vernes.

J'ai dispersé le compte rendu de mes travaux dans les mémoires d'une demi-douzaine de sociétés savantes, et dans beaucoup de journaux, d'annuaires et de revues; une bonne moitié est encore en manuscrit dans mes tiroirs. La moisson est mûre aujourd'hui, et le moment est venu de donner au public ce que j'ai recueilli.

Dans la première partie de ce volume, j'ai cherché à mettre en lumière les origines de Rousseau. Le lecteur verra ce qu'on peut tirer, pour débrouiller l'écheveau de son caractère, de ce qu'on a découvert sur sa parenté et ses ancêtres français réfugiés à Genève, de l'histoire de sa famille pendant deux cents ans, et de quelques anecdotes, jusqu'à ce jour inconnues, sur son père et sa mère.

Dans l'autre moitié du livre, j'ai suivi Jean-Jacques lui-même au cours de sa vie errante et de sa jeunesse aventureuse, et je me suis arrêté notamment à ces saisons heureuses qu'il a passées aux Charmettes : c'est alors qu'il a eu pour la première fois et qu'il a élaboré des idées originales sur les choses divines et humaines, sur le problème de la destinée; et qu'il s'est formé, avec ses lectures et ses réflexions, une philosophie qui était à lui.

Je n'ai pas voulu surcharger ce volume de pièces justificatives; je renvoie le lecteur qui en serait curieux, soit aux ouvrages cités en note, soit à d'autres travaux que je vais terminer, et que j'espère publier bientôt dans les *Bulletins* de l'Institut genevois et de la Société de l'histoire du protestantisme français.

Genève, mars 1896.

EUGÈNE RITTER

DOYEN DE LA FACULTÉ DES LETTRES DE GENÈVE

LA

FAMILLE ET LA JEUNESSE

DE J.-J. ROUSSEAU

> Il est très utile de commencer par le
> commencement, et quand on en a le moyen,
> de prendre l'écrivain supérieur dans son
> pays natal, dans sa race.
>
> SAINTE-BEUVE.

PARIS

LIBRAIRIE HACHETTE ET Cⁱᵉ

79, BOULEVARD SAINT-GERMAIN, 79

1896

LA FAMILLE ET LA JEUNESSE

DE J.-J. ROUSSEAU

CHAPITRE I

LES NOUVELLES RECHERCHES SUR JEAN-JACQUES ROUSSEAU

Au temps de la Restauration, Rousseau et Voltaire étaient des écrivains populaires et familiers à tous; on les voyait dans toutes les mains; chacun avait lu leurs livres et les connaissait aussi bien que ceux d'un contemporain. Mais bientôt après 1830, cette vogue s'arrêta, et dès lors Voltaire et Rousseau ne furent plus que ce qu'ils seront toujours : des auteurs classiques, comme Montesquieu et Buffon. Tous ceux qui aiment les lettres ont lu leurs chefs-d'œuvre; quelques amateurs, qui leur restent fidèles, les connaissent à fond et se plaisent à les relire souvent. Mais le nombre est petit de ceux qui achètent aujourd'hui, pour les placer sur les rayons de leur bibliothèque, les œuvres complètes de Voltaire et de Rousseau.

A ce changement qui s'est fait dans les dispositions du public à leur égard, Rousseau a perdu beaucoup plus que Voltaire. Les œuvres de celui-ci sont plus accessibles, plus avenantes. Les esprits qui vont naturellement à lui comme à un maître, à un modèle, sont beaucoup plus nombreux que ceux que Rousseau attire. La pensée et l'érudition françaises sont aujourd'hui plus que jamais la pensée et l'érudition parisiennes : or, Voltaire est beaucoup plus parisien que Jean-Jacques. La faveur du public et celle des chercheurs se sont ainsi beaucoup plus attachées à Voltaire qu'à Rousseau. Aussi n'y a-t-il pas lieu de s'étonner si, dans les recherches et les travaux qui ont été publiés depuis trente ans, il se trouve que la vie et les œuvres de Voltaire ont été beaucoup plus étudiées et beaucoup mieux que celles de Rousseau. Dans les publications dont ce dernier a été l'objet, il n'y a rien de comparable aux travaux où MM. Desnoiresterres, Moland et Bengesco ont tant ajouté à ce que nous connaissions de la biographie, de la correspondance et de la bibliographie de Voltaire.

Les érudits parisiens ont fait peu de chose pour Jean-Jacques; presque toutes les recherches nouvelles dont il a été l'objet sont venues de ces pays de frontière qu'il a longtemps habités, et qui vont des Charmettes à l'île de Saint-Pierre. C'est dans la Suisse française et la Savoie qu'on s'est appliqué à élucider les points obscurs de sa vie, et à mettre au jour les documents inédits qui pouvaient compléter les renseignements déjà connus. La bibliothèque de Neuchâtel possède la plus grande partie de ces documents.

Rousseau avait laissé s'accumuler chez lui beaucoup de papiers, les lettres qu'il recevait, le brouillon ou la copie de celles qu'il écrivait, les manuscrits d'ouvrages entrepris qu'il laissait inachevés. Cet amas datait de son établissement à l'Ermitage, au printemps de 1756. Les pièces de date antérieure sont en petit nombre; soit qu'en quittant Paris, il ait détruit ce qu'il avait de paperasses, pour faciliter son déménagement; soit qu'il eût eu, pendant les années précédentes, l'habitude de s'en débarrasser au fur et à mesure, avec insouciance.

Au bout d'une douzaine d'années, Rousseau

était arrivé à avoir comme un dépôt d'archives,
qui encombrait les petits logements qu'il lui fallut occuper pendant son exil. Son ami Du Peyrou
se chargea de la garde de ces papiers; ils lui restèrent après la mort de Rousseau, qui l'avait
laissé le maître d'en disposer (lettre du 12 janvier 1769). Du Peyrou les a légués à la Bibliothèque de Neuchâtel.

Un savant français, qui voulait publier une
édition de Rousseau, M. Ravenel, vint faire
en 1834 le dépouillement de ces papiers; mais il
n'a pas utilisé les notes qu'il avait recueillies[1].

M. Félix Bovet, bibliothécaire de Neuchâtel, a
fait paraître dans la *Revue suisse*, en 1850, 1853
et 1861, quelques morceaux inédits de Rousseau :
une préface préparée pour les *Confessions*, un
Discours sur les richesses, des fragments d'une
Histoire de Genève. Après lui, est venu M. Streckeisen, qui a puisé dans les manuscrits légués
par Du Peyrou la matière de trois volumes[2].
D'autres chercheurs encore, M. le professeur

1. Sainte-Beuve, *Causeries du lundi*, XV, article du
15 juillet 1861.
2. *Œuvres et correspondance inédites de Rousseau*, 1861.
— *Jean-Jacques Rousseau, ses amis et ses ennemis*, 1865 : ce
sont six à sept cents lettres, choisies parmi des milliers que
Jean-Jacques avait reçues et gardées.

Gaullieur, M. de Bougy, M. Albert Jansen, M. Maugras, ont remué à nouveau ces dossiers, et y ont fait quelque butin.

Un écrivain neuchâtelois, M. Fritz Berthoud, a recueilli en deux volumes une foule de documents sur le séjour de Rousseau à Motiers, et ses démêlés avec le pasteur de Montmollin : les familles du pays, héritières des contemporains de Jean-Jacques, lui avaient libéralement ouvert leurs portefeuilles.

Aux archives de Berlin, M. Albert Jansen a fait aussi des fouilles heureuses [1]; il a retrouvé entre autres deux pièces capitales, les dépositions de Rousseau et de Thérèse Le Vasseur, écrites sous leur dictée, au lendemain même de la *lapidation* de Motiers.

Jean-Jacques n'a fait que traverser le pays de Vaud; sur les anciens registres de la contrée, on n'a pas eu l'occasion de mentionner le nom du jeune voyageur, qui passait inconnu sur les bords du Léman; mais à Lausanne, à Vevey, dans ces jolies villes où Mme de Warens a vécu pendant sa jeunesse, il était intéressant de suivre les traces qu'elle avait laissées.

1. *Documents sur Jean-Jacques Rousseau*, 1762 à 1765, publiés par Albert Jansen, Genève, lib. Jullien, 1885.

Longtemps on n'a connu Mme de Warens que par le témoignage de Jean-Jacques. L'auteur des *Confessions* a tout dit sur elle : le bien, le mal, la pitié qu'elle eut pour lui et le charme qui le séduisit dès le premier regard, les séparations, les retours, la longue intimité, les faiblesses et les fautes. La pauvre femme a été livrée sans voile à la curiosité du lecteur. Un seul témoin avait parlé; chacun se crut en mesure de juger[1] : aucune enquête ne fut ouverte. On sait que la première partie des *Confessions* parut en 1780 : l'idylle des Charmettes y avait aussitôt enchanté le public. Les pages où Rousseau l'avait dessinée ont servi de point de départ à de plates supercheries (*Mémoires de Mme de Warens, de Claude Anet*, etc.), qui ne pouvaient qu'égarer l'opinion.

Mais dans ces dernières années, la vie tout entière de Mme de Warens a été étudiée avec soin par deux érudits distingués. Cette vie a été coupée en deux par sa fuite en Savoie et sa conversion au catholicisme. Pendant vingt-sept ans,

____

1. Notons un détail en passant. On s'est beaucoup offusqué du nom de *maman*, que Rousseau donnait à Mme de Warens. J'ose dire qu'on n'a pas compris un sens ancien de ce mot, sens indépendant de toute idée de maternité. On appelait *maman* la maîtresse de maison, quand on était familier avec elle. Voltaire appelait *maman* sa nièce Mme Denis, qui tenait son ménage à Ferney.

Mme de Warens a habité le pays de Vaud ; pendant trente-six ans, la Savoie. Ces deux périodes ont fourni matière à deux intéressants ouvrages, publiés par MM. de Montet et Mugnier [1].

M. de Montet a peint avec charme les premières et belles années de la vie de Mme de Warens ; il a donné une foule de renseignements sur la catastrophe qui vint assez brusquement les terminer ; il a mis au jour une foule de documents, au milieu desquels se détache et brille une pièce d'un prix infini, qu'il a découverte dans les archives de la famille de Loys. En feuilletant les papiers qui lui étaient confiés, il a mis la main sur une grande lettre [2], témoignage véridique et des plus curieux, où M. de Warens, écrivant à son frère, lui fait le récit confidentiel et détaillé de ses infortunes, des entreprises industrielles de sa femme, du désastre financier qui fut la conséquence de son impéritie, des circonstances du départ soudain de la jeune dame (1726) et des dernières entrevues qu'il eut avec elle à Evian et à Annecy. — M. de Montet m'apporta un jour la copie de cette pièce, que

1. *Mme de Warens et le pays de Vaud*, par M. Albert de Montet, Lausanne, lib. Bridel, 1891, in-8. — *Mme de Warens et Jean-Jacques Rousseau*, par M. Mugnier, Paris, lib. Lévy, 1891, in-8.

2. *Mme de Warens et le pays de Vaud*, p. 203 à 241.

nous avons publiée en 1884 dans la *Bibliothèque universelle*. Comment dire l'impression que nous avons ressentie en la lisant?

Pauvres érudits, nous passons de longues heures à dépouiller consciencieusement de vieux registres, nous déficelons des liasses, nous copions des pages, nous rassemblons des dates, nous amassons des notes, nous épluchons des textes,

> Cherchant l'esprit des morts sous la page jaunie.

Mais quelquefois — et sans la chance toujours espérée de quelqu'une de ces rencontres heureuses, il faudrait quitter le métier — tout à coup le papier parle. Un rideau se lève; les personnages du passé se dressent devant nous; nous les voyons agités et pleins de vie. C'est que nous sommes tombés sur un récit abondant et naïf; c'est qu'une voix sincère, vraiment partie du fond des âges, est arrivée jusqu'à nous.

Fouilleur heureux, narrateur fidèle, juge bien informé, M. de Montet a dessiné le cadre et tracé le tableau de la vie de Mme de Warens avec la fidélité que pouvait y mettre un enfant du pays qui s'était longtemps occupé d'en débrouiller la vieille histoire[1]. Possesseur d'un beau domaine, il connaît à fond pour la mener lui-même, cette vie de gentilhomme campagnard qui était celle de M. de Warens dans ce pays de prés et de vignes. Il fallait, pour réussir comme M. de Montet, à la fois être familiarisé par de longues recherches historiques avec les particularités de l'organisation ancienne de la contrée de Vevey : lois, coutumes, mœurs locales ; être habitué à fureter dans les archives, et connaître ces dépôts de vieux papiers dans tous leurs recoins ; et en même temps, compléter à chaque instant ces documents arides par la vue des lieux, par les souvenirs personnels, par toutes les connaissances que donne un commerce ancien et journalier avec la population avenante et laborieuse au milieu de laquelle Mme de Warens a passé sa jeunesse.

M. Mugnier, conseiller à la Cour d'appel de Chambéry, était aussi bien préparé que M. de Montet pour faire une œuvre définitive. L'un et l'autre sont dans leur province au premier rang des érudits. M. Mugnier était déjà connu par d'agréables et solides publications sur saint François de Sales, sur le mariage de Lamartine,

1. M. de Montet a publié des *Documents relatifs à l'histoire de Vevey* (1005-1565). Turin, 1881, 261 p. in-8.

les évêques et les monastères de la Savoie. Le savant magistrat a écrit pour ainsi dire le second volume de la biographie de Mme de Warens. Il s'est attaché à démêler l'écheveau des intrigues qu'elle essaya de nouer à la cour de Versailles, et celui des affaires industrielles où elle usa son crédit et perdit ses ressources; il a retracé le long déclin d'une existence qui avait eu des jours rayonnants. Il a suivi Mme de Warens pendant les années fécondes où des ailes maternelles couvaient un génie ignoré, et pendant ces tristes années où la pauvre femme, vieillie, s'embarrassait dans des entreprises qu'elle ne savait pas mener à bonne fin. M. Mugnier a porté partout la lumière qu'un esprit judicieux et mûr, une expérience consommée, un jugement formé par la connaissance du monde et des hommes, peuvent répandre sur un intéressant sujet.

Quand nous nous sommes associés, il y a une dizaine d'années, M. de Montet, M. Mugnier et moi-même, afin d'élucider, et de résoudre, si possible, tous les problèmes qui se posent à celui qui veut connaître la vie de Mme de Warens, ces collaborateurs et ces amis se partagèrent le terrain comme j'ai dit, et ils me réservèrent l'examen des idées religieuses de l'amie de Rousseau, auquel m'avaient préparé des travaux antérieurs sur le mouvement piétiste de cette époque. Mon travail a paru, comme celui de M. de Montet, dans les *Mémoires* de la Société d'histoire de la Suisse romande [1].

Les archives de Genève ne pouvaient pas être négligées dans cette chasse au document. L'archiviste, M. Louis Dufour-Vernes, a étudié surtout la parenté et les ancêtres de Jean-Jacques [2]. Comme un botaniste qui détache du sol une plante avec précaution, en ayant soin qu'elle ne perde aucune des fibrilles de ses racines, il a tiré des archives genevoises tout l'arbre généalogique de Jean-Jacques Rousseau; et le tableau qu'il a ainsi dressé a beaucoup de variété et de vie. Chaque famille y a son caractère et sa tenue propre, et chaque couple sa chronique. Les documents d'archives semblent incolores à première vue; M. Dufour-Vernes a su si bien en tirer parti, éclairer les textes et diriger les regards du lecteur sur les points lumineux, que les couleurs effacées semblent reparaître au jour.

1. *Magny et le piétisme romand* (tiré à part, Lausanne, lib. Bridel, 1891. viii-68 p. in-8).
2. *Recherches sur Rousseau et sa parenté*, Genève, 1878. 46 p. — *Les ascendants de Rousseau*, Genève, 1890. 30 p.

Le frère de M. Louis Dufour-Vernes, M. Théophile Dufour, directeur de la bibliothèque de Genève, a entrepris, lui aussi, des recherches sur Rousseau; il les a poursuivies aux archives de Turin et de Bâle; il est allé copier des manuscrits à Neuchâtel; il est entré en possession des papiers de feu Joseph Richard [1], un de ces enthousiastes comme le philosophe de Genève en suscitait autrefois. M. Théophile Dufour a amassé aussi un dossier de lettres inédites de Rousseau, et il se placerait sans doute au premier rang du groupe des érudits qui se sont fait une spécialité de Jean-Jacques, de sa vie et de ses œuvres, s'il voulait mettre au jour tout ce qu'il enfouit dans ses portefeuilles.

Les écrivains que je viens de passer en revue sont des savants exacts et consciencieux; et si les résultats auxquels ils sont arrivés dans leurs recherches peuvent être complétés souvent, et quelquefois rectifiés, ils méritent en somme la confiance du lecteur. Un autre jugement doit être

1. Joseph Richard a passé sa vie à cultiver la mémoire de Jean-Jacques; mais il n'a publié que deux courts et excellents articles, où il a rectifié quelques erreurs des éditeurs de la correspondance de Rousseau. (*Bulletin de la Société de l'histoire du protestantisme*, IV, 542; V, 431.) *L'Intermédiaire des chercheurs et curieux* du 10 mars 1877 a donné une intéressante notice nécrologique sur Joseph Richard.

porté sur l'ouvrage d'un autre écrivain genevois, M. Gaberel (*Rousseau et les Genevois*, 1858).

L'analyse d'une page de son livre, et la comparaison des textes qu'il a dépecés pour la composer, mettront dans tout son jour le procédé historique qu'il a trop souvent employé. On sait que dans les *Confessions*, Rousseau parle à plus d'une reprise de Mme de Pompadour :

J'avais été mécontent, dit-il, de tous ses procédés par rapport à moi; et dans toutes les occasions, je l'avais toujours trouvée très peu disposée à m'obliger : ce qui n'empêcha pas le chevalier de Lorenzi de me proposer de faire quelque chose à la louange de cette dame, en m'insinuant que cela pourrait m'être utile. Cette proposition m'indigna d'autant plus que je vis bien qu'il ne la faisait pas de son chef. Je sais trop peu me contraindre pour avoir pu lui cacher mon dédain pour sa proposition.

Et ailleurs :

M. de Malesherbes fit un retranchement, qui pouvait porter le nom d'infidélité, dans l'exemplaire (de la *Nouvelle Héloïse*) qu'il envoya à Mme de Pompadour. Il est dit quelque part dans cet ouvrage, que *la femme d'un charbonnier est plus digne de respect que la maîtresse d'un prince* [1]. Cette phrase m'était venue dans la chaleur de

1. Dans le *Festin de Pierre*, Molière fait dire au père de Don Juan : « Je ferais plus de cas du fils d'un crocheteur qui serait honnête homme, que du fils d'un monarque qui vivrait comme vous ».

la composition, sans aucune application, je le jure. En relisant l'ouvrage, je vis qu'on ferait cette application. Cependant, je me contentai de substituer le mot *prince* au mot *roi*, que j'avais d'abord mis. Cet adoucissement ne parut pas suffisant à M. de Malesherbes; il retrancha la phrase entière dans un carton qu'il fit imprimer exprès et coller aussi proprement qu'il fut possible dans l'exemplaire de Mme de Pompadour. Elle n'ignora pas ce tour de passe-passe; il se trouva de bonnes âmes qui l'en instruisirent.

D'autre part, Mme de Genlis, dans ses *Souvenirs de Félicie*, raconte l'anecdote suivante :

La marquise de Pompadour essaya, comme elle disait, d'*apprivoiser* Rousseau; mais une lettre qu'elle reçut de lui la dégoûta de renouveler ses avances :

« C'est un hibou, dit-elle un jour à Mme de Mirepoix. — J'en conviens, répondit la maréchale; mais c'est celui de Minerve [1]. »

Ouvrons maintenant l'ouvrage de M. Gaberel, *Rousseau et les Genevois*, et voyons comment les textes qu'on vient de lire y sont rapprochés, arrangés et combinés :

Mme de Pompadour essaya, comme elle le disait, d'apprivoiser Rousseau; elle lui fit de belles propositions, n'épargna pas les offres pécuniaires afin d'obtenir quelques lignes favorables dans un livre du philosophe....

---

1. Chamfort rapporte le même mot, mais sans nommer les interlocuteurs.

Impatienté, poussé à bout, Jean-Jacques lui écrit un billet où se trouvent ces mots : *La femme d'un charbonnier est plus respectable à mes yeux que la maîtresse d'un prince.* Mme de Pompadour ne se fâcha pas, dit-on ; mais le soir, rencontrant la maréchale de Mirepoix :

« Votre Rousseau, madame, est un hibou. — J'en conviens, madame, mais c'est le hibou de Minerve. »

Le simple rapprochement de ces textes suffit au lecteur attentif et judicieux pour apprécier la méthode historique de M. Gaberel [1]. Une étude suivie de son livre sur *Rousseau et les Genevois* nous amènerait à y signaler beaucoup d'autres erreurs. Quelques écrivains de mérite ont eu malheureusement confiance dans les dires de M. Gaberel, et se sont laissé égarer par lui.

Il me reste à dire un mot de mes propres travaux. Mes recherches se sont étendues à toutes les périodes de la vie de Jean-Jacques Rousseau. Le présent livre ne parle que de sa famille et de sa jeunesse ; mais c'est là-dessus que j'ai pu recueillir le plus de renseignements nouveaux. Ils viennent de sources authentiques : les registres du Conseil et du Consistoire de Genève, les

---

1. Voir aussi *Voltaire et la société française au XVIIIe siècle*, par Desnoiresterres, t. V, p. 75 ; t. VI, p. 342 ; t. VII, p. 69, 177, 431 ; t. VIII, p. 357.

minutes des notaires, et les autres documents
déposés dans nos archives; riche collection où
chaque famille genevoise peut puiser à pleines
mains pour reconstituer son passé. Voici le revers
de la médaille.

Ces documents peuvent être répartis en deux
catégories : documents incolores et documents
dénigrants. Les documents incolores sont les
actes notariés, les registres de baptêmes, mariages
et décès, les inventaires, etc. Les documents
dénigrants — j'appelle ainsi ceux qui peignent
en noir et ne donnent que les ombres, — les documents dénigrants sont les registres du Conseil et
du Consistoire, et les dossiers des procès crimi-
nels et des enquêtes de police. En effet, quand il
ne s'agissait pas des magistrats ou des pasteurs
qui honoraient l'État ou l'Église, et qui avaient
alors leur juste part d'éloges officiels, le Conseil et
le Consistoire ne tenaient note que des gens qu'ils
punissaient ou censuraient; et tandis que *le mal*,
les vices, les désordres, l'adultère et le reste, s'éta-
lent sur leurs registres, *le bien* n'y figure guère.
Tandis que tous les péchés et peccadilles de quelques individus y sont soigneusement couchés sur
le papier, les autres membres de la famille, qui
suivaient honnêtement et obscurément la voie

droite et le bon chemin, n'obtiennent aucun éloge, presque aucune mention dans ces registres, si intéressants et si instructifs d'ailleurs. Il faut avoir ces réflexions présentes à l'esprit pour ne pas faire tort à ces générations disparues, beaucoup trop éloignées de nous pour que la tradition orale remonte jusqu'à elles.

La publication de ces documents donnera lieu peut-être à une objection que nous voulons prévenir en la discutant ici.

Quand un fouilleur d'archives (comme il arrive quelquefois, je le sais) fait la découverte de quelque vieille faute à la charge d'un personnage oublié de sa propre famille, il hoche la tête, il garde sa trouvaille pour lui [1] et il en fait son profit. Il apprend à mieux savoir la faiblesse humaine, à juger de toutes choses avec indulgence.

Si ces extraits de registres, que j'ai appelés dénigrants, ont trait de près ou de loin à ces hommes dont le nom est immortel et dont rien n'est indifférent, un esprit sévère peut se demander

1. « Prenez-vous soin, disait Massillon, de rappeler certaines circonstances humiliantes pour votre maison, et qui ont déshonoré autrefois la vie de quelqu'un de vos ancêtres? Ne regardez-vous pas comme les ennemis de votre nom, ceux qui vont fouiller dans les siècles passés, pour y découvrir ces endroits odieux? » *Sermon pour le mercredi de la quatrième semaine du Carême.*

même alors, s'il convient d'étaler au grand jour ce qu'en d'autres cas on couvrirait du voile pieux que Sem et Japhet ont jeté sur la nudité de Noé.

Nous croyons ne pas nous laisser emporter par un zèle indiscret en osant dire qu'il n'y a pas lieu de s'arrêter ici à des considérations de ce genre. Jean-Jacques a trop mis à nu, dans ses *Confessions*, ce que d'autres auraient tenu à cacher, pour que les marges de ce livre puissent être salies par les notes qu'on pourra tirer des pièces que j'ai publiées ici, et ailleurs. Une plus juste appréciation du caractère de cet homme malheureux ressortira, pensons-nous, de tous les documents qui nous aideront à connaître le niveau moral de son premier entourage et de sa parenté. Il y a des foyers domestiques où l'on respire un air de délicatesse et d'innocence. *Ce n'est pas une petite avance pour la vertu*, a dit Sainte-Beuve, *que d'être sorti de la race des justes.* En considérant de près les origines de Jean-Jacques, on y reconnaît beaucoup d'honnêteté, on voit des couples laborieux, de braves et dignes gens, et çà et là, au milieu de l'eau pure, quelque filet un peu trouble et limoneux.

CHAPITRE II

DIDIER ROUSSEAU, QUARTAIEUL DE JEAN-JACQUES

A l'époque de la naissance de Jean-Jacques, sa famille était établie à Genève depuis cinq générations. Elle était d'origine française. Didier Rousseau, de Paris — il était né à Montlhéry, — fils d'Antoine Rousseau, avait été reçu *habitant* de Genève, le 15 octobre 1549. C'est à cette date que nous le voyons mentionné dans deux registres :

Livre des habitants. Didier Rousseau, natif de Montrichery lès Paris en France, marchand, a supplié. Admis.

Livre des particuliers. Didier Rousseau, de Montléchery[1], a requis lui permettre habiter en cette cité

1. Partout ailleurs que dans ces deux textes, Didier Rousseau est dit simplement : *de Paris*. Voir le *Bulletin de la Société de l'histoire du protestantisme français*, années 1893, p. 281 et suiv.; 1895, p. 635 et suiv.

comme les autres, et vendre vin, et aussi permettre que puisse mettre une enseigne de *la Main*. Permis d'habiter ; et quant à la reste, qu'il soit avisé s'il lui doit être permis.

Le 24 juin suivant, avec une trentaine d'autres réfugiés venus de France ou d'Italie, il prêtait le serment de fidélité que demandait la république de Genève à ceux à qui elle accordait le droit d'habiter dans les murs de la ville.

Didier Rousseau avait quitté la France dans les premières années du règne de Henri II. Dès son avènement, ce roi s'était montré hostile à l'hérésie. Parmi les édits qui furent rendus à cette époque contre les nouvelles doctrines, il en faut remarquer un, du 11 décembre 1547 :

L'une des choses, dit le roi, que nous avons le plus à cœur est de pourvoir à l'extirpation des erreurs et fausses doctrines qui ont pullulé et pullulent encore de présent en notre royaume, à notre grand regret et déplaisir. Et pour ce qu'il nous a semblé qu'entre les autres provisions, l'une des premières et principales est d'ôter d'entre nos sujets l'usage des livres réprouvés qui sont le fondement et occasion desdites erreurs, nous inhibons et défendons que par ci-après aucuns imprimeurs ni libraires n'aient, sous peine de confiscation de corps et de biens, à imprimer, vendre et publier aucuns livres concernant la Sainte Écriture, mêmement ceux qui sont apportés de Genève, d'Allemagne et autres lieux étrangers, que premièrement ils n'aient été vus, visités et examinés de la Faculté de théologie de Paris.

Comme on voit, quelques années plus tard, Didier Rousseau désigné dans quelques actes comme étant libraire, on peut se demander s'il n'avait pas été libraire à Paris, déjà, et si ce n'est pas quelque transgression de cet édit qui explique son départ de Paris et son arrivée à Genève.

L'*Histoire des martyrs* de Crespin donne le récit de quelques supplices qui dans l'été de 1549, et notamment le 9 juillet, furent donnés en spectacle au peuple de Paris, « en ces pompes et festins solennels ordonnés par le roi après son entrée dans la ville ». Dans une de ces fêtes de couleur espagnole, Henri II voulut assister lui-même à la mort d'un pauvre couturier qui fut brûlé vif; et le roi garda longtemps, dit-on, le souvenir du regard ardent que le malheureux fixa sur lui, jusqu'au moment où les flammes enveloppèrent sa tête.

La terreur courait sur le pays : ceux qui se sentaient suspects se mettaient en sûreté. Trois mois après ces événements, Didier Rousseau avait trouvé à Genève un refuge. Il lui fallait se créer des ressources : il ouvrit une boutique de mar-

chand de vin, de *vendeur de vin*, comme on disait
alors. Nous venons de voir que son cabaret était
à l'enseigne de *la Main*. Dans une série de documents de dates diverses, qui s'échelonnent jusqu'à la fin de sa vie, nous le voyons continuer
ce commerce de vin.

Nous ne savons rien des premières années de
son séjour, non plus que des incidents qui avaient
amené sa fuite. Une seule chose est certaine,
c'est qu'il était à son aise. Nous en jugeons par
ce fait qu'en 1555, lorsqu'il obtint le droit de
bourgeoisie [1], comme chaque nouveau bourgeois
était appelé à payer une somme proportionnée à

1. *Registre du Conseil.* « Vendredi 19 avril 1555. Dedier, fils
de feu Anthoine Rosseaulx, libraire, de Paris, lequel a requis
de le recevoir au nombre des bourgeois, par le moyen des
choses contenues en sa dite requête. Arrêté que l'on
s'informe de son état et bonne conversation, et aussi a été
donnée la charge au seigneur capitaine du lieu où il demeure, de s'informer de lui et du dit refférir (*et d'en faire
un rapport*). — Lundi 22 avril 1555. Dedier, fils de feu
Anthoine Rosseau, de Paris, libraire, lequel a requis le
recevoir au nombre des bourgeois, au contenu de sa dite
requête. Arrêté qu'il soit reçu par le moyen de vingt écus
soleil, et le scillot (*un de ces seaux de cuir dont la ville
avait une provision en vue des cas d'incendie; chaque nouveau
bourgeois en fournissait un*) lesquels il a promis de payer ès
mains du seigneur trésorier; et a fait le serment sur ce
requis. »
Les écus soleil, pièces d'or battues à Genève depuis 1540,
correspondaient à peu près, pour la grandeur et le poids,
à nos pièces actuelles de dix francs. On n'en connaît que
quatre exemplaires dans les collections numismatiques.

ses facultés, Didier Rousseau fut taxé à vingt écus. Sur 174 bourgeois reçus en 1554 et 1555, il n'y en eut que quinze qui eurent à payer des sommes plus fortes (25, 30, 40 ou 60 écus) et douze une somme égale. Il était donc en bon rang : sans doute il était venu de Paris avec une bourse bien garnie.

On le trouve lié avec deux réfugiés appartenant aux meilleures familles, deux beaux-frères, Noble Jean de Budé, le fils du célèbre helléniste, et Noble Charles de Jonvilliers : l'un est son exécuteur testamentaire, l'autre prend soin des intérêts de ses enfants. Il avait ainsi des amis dans les plus hauts rangs, quoiqu'il appartînt lui-même à une couche sociale plus humble.

Il faut remarquer la date de sa réception à la bourgeoisie de Genève (avril 1555). C'est le moment où le parti de Calvin venait de l'emporter dans l'élection annuelle des syndics, magistrats suprêmes de la petite république. Ayant ainsi au pouvoir des amis dévoués, Calvin voulut renforcer la majorité précaire qu'il venait d'obtenir au Conseil, en faisant admettre à la bourgeoisie un grand nombre de réfugiés français. En un mois, une soixantaine d'entre eux furent reçus bourgeois : tous ceux qui furent de cette fournée étaient certainement, pour le parti de Calvin, des hommes sûrs. Didier Rousseau était au milieu de ce groupe.

Les nouveaux bourgeois prêtaient serment devant le Conseil, et juraient d'être bons et loyaux à la cité de Genève, d'y vivre selon la sainte Réformation de l'Évangile, et d'acheter des maisons, prés et vignes, dans le territoire de la République, selon leurs facultés. Les magistrats voulaient que la fortune des nouveaux venus vînt enrichir la ville, et que leurs intérêts comme leur devoir fussent engagés à sa prospérité. Didier Rousseau [1], en conséquence, fit l'acquisition de quelques immeubles : une maison à la rue du Boule, deux autres maisons dans le quartier de la Madeleine, une pièce de terre à la campagne. Il était fort à son aise : c'est ce qui ressort de tous les documents qui nous restent.

Le registre du Conseil, au moment où Didier Rousseau fut admis à la bourgeoisie, et quelques actes notariés de date voisine, le désignent comme libraire. Cette profession ne fut pas longtemps la sienne ; et bientôt, laissant le commerce des

---

1. Ses notaires estropient quelquefois son nom, et l'appellent, par exemple : maître Dedier Rossiaud, sire Didier Ruisseau, etc.

livres, continuant celui du vin, il ouvrit une auberge, à l'enseigne de *l'Epée couronnée*, dans la rue du Perron, une de ces rues montantes qui s'élèvent sur la colline où la ville de Genève est bâtie. Ceux qui tenaient des logis à Genève étaient soumis à des règles strictes :

Un chacun jour, ils doivent venir révéler aux seigneurs Syndics les hôtes qui leur arriveront, et bailler les noms et surnoms d'iceux, et de quelle part ils viennent : et ce soit le même jour qu'ils sont arrivés, et incontinent après.

Les dits doivent retirer des avenaires (*étrangers*) et passants leurs armes, s'ils en ont, comme mails, arque-buses, pistolets, et les garder rière eux (*par devers eux*) jusqu'au départ des dits passants, leur laissant seule-ment l'épée.

Les dits doivent faire faire la prière à Dieu, devant et après les repas, à peine de soixante sous pour une cha-cune fois.

Didier Rousseau était un homme d'affaires qui s'y prenait de son mieux pour gagner sa vie dans une ville qui était alors assez pauvre. Comme c'était la coutume alors, l'État de Genève affer-mait le produit des impôts. Le gouvernement s'adressait à des particuliers qui, à leurs risques, périls et bénéfices, prenaient à ferme la dîme d'un village. Ce métier de publicain fut aussi celui de

Didier Rousseau. On n'y faisait pas toujours ses orges. A sa mort, Didier Rousseau laissa à sa veuve, de ce chef, des affaires embarrassées. Mais il faut d'abord parler de ses mariages.

Didier Rousseau s'est marié deux fois. Nous ne savons rien de sa première femme, si ce n'est qu'elle s'appelait Marguerite, et qu'elle était dure d'oreille : ce sont de maigres renseignements. Elle mourut sans avoir eu d'enfants, paraît-il, et Didier Rousseau, après un temps de veuvage assez court, le 13 novembre 1569, épousa Mie Miège : c'était la fille d'un paysan de Contamine-sur-Arve, en Savoie. Elle avait perdu son père, et sa mère mourut un mois après le mariage. Son frère, un boulanger, était mort à vingt-trois ans, quelques années auparavant; un autre frère, Claude Miège, était cordonnier, et se fit recevoir bourgeois de Genève en payant quatre écus. Son frère cadet, Jean Miège, était garçon d'écurie : le Consistoire, quelques mois auparavant, lui avait adressé une admonestation :

Registre du Consistoire, 24 février 1569. Jean, fils de Laurent Miége, de Contamine, et Jean Pichard, serviteurs d'Antoine Decroux, appelés pour avoir été trouvés dans la rue durant le catéchisme, ont dit avoir été au prêche par deux fois; mais, qu'à l'heure du catéchisme

il leur fallait abreuver les bêtes, et chapeler (*couper en petits morceaux*) des raves pour leur donner.

On leur a remontré leur devoir, à ce que ci-après ils entendent à plus diligemment hanter les prédications pour leur instruction.

On le voit : Mie Miège était de petite bourgeoisie ; mais c'était une femme de valeur [1], et autant qu'on en peut juger à trois cents ans de distance, ce Parisien qui offrit sa main à cette Savoyarde ne fit point un mauvais choix.

Quelques mois après son mariage, Didier Rousseau tomba malade, et fit son testament. De tous les documents, actes notariés ou extraits de registres officiels, qui font mention de ce premier ancêtre de Jean-Jacques, le seul qui compte est ce testament. C'est là seulement qu'on voit une empreinte personnelle. Aussi je le donnerai en entier, n'élaguant que les termes redondants et les formules de pratique. Il donne une idée favorable du caractère et du jugement de Didier Rousseau. Nous connaissons trop peu telle et telle personne qu'il nomme [2], nous ne voyons pas les

1. Voir le *Glossaire genevois* de Humbert aux mots *bregon, drugeon* et *gaupe*, qui s'appliquent à des jeunes filles et des jeunes femmes actives et fermes, et qui marquent une certaine verdeur, quelque chose de dru, de solide et de robuste, qui est à l'éloge de notre race allobroge.

2. On ne sait pas, par exemple, pourquoi Didier Rousseau

choses d'assez près et assez distinctement pour
nous rendre compte de la portée de chaque
article ; mais tout ce qu'on y comprend bien
paraît judicieusement réglé. Ses legs pieux, à en
juger par comparaison avec d'autres testaments,
ne sont ni magnifiques ni chiches ; ils témoignent
de l'attachement du réfugié à la foi pour laquelle
il avait quitté la France. Le mari vit en bonne
intelligence avec sa femme, et lui montre de la
confiance et de la reconnaissance. Il déploie pour
elle une largesse rustique, où quelques détails
font sourire, comme ce cochon qu'il veut qu'elle
achète chaque année :

Hanc olim veteres vitam coluere Sabini.

Le testament de Didier Rousseau permet de se
faire quelque idée de son mobilier ; nous voyons
le lit conjugal et ses garnitures d'étoffe rouge et
verte ; la table où les deux époux prenaient leurs
repas, assis sur leur banc : le luxe des chaises leur
était inconnu. Mais ce n'était pas un ménage
pauvre ; on y mangeait et buvait bien.

lègue une maison à Pierre Reclan : c'était un bien beau
legs. Vingt mois plus tard, cet ami de Didier fut le parrain
de sa fille Marie Rousseau.

Testament.

Le 4 avril 1370, présent moi notaire, ci établi Didier Rousseau, bourgeois de Genève, lequel, sain de sens, combien qu'il soit détenu de maladie corporelle, a voulu faire son testament nuncupatif, qui s'ensuit :

Premièrement, étant son âme séparée de son corps, veut son corps être inhumé, attendant la glorieuse et bienheureuse résurrection.

Item, quant à son bien, donne et lègue à l'hôpital de cette ville cinq florins, qu'il veut lui être payés incontinent après son décès; item, au collège de Genève, cinq florins payables comme dessus;

Item, donne et lègue à Guillauma et Etienna, filles de Pierre Delaplanche, à chacune dix florins, payables quand on les mariera; item, à Etienne Baillard son filleul, cinq florins payables comme dessus;

Item, donne à Mie Miège, sa femme, la somme de trois cents florins, une coute (*couverture*) et un coussin de plume, avec une couverte (*couverture*) de Catalogne, et les garnitures du lit, une gouttière (*bande d'étoffe au haut des rideaux*), ciel et pendants, de serge verte et rouge, une table de noyer, deux bancs, une demi-douzaine de linceuls (*draps*) bons et entiers; une douzaine de serviettes, trois mantils (*nappes*), trois écuelles, deux plats, quatre tranchoirs : le tout d'étain; tous les accoutrements à usage de femme qui se trouveront dans la maison du dit testateur lors de son décès; deux coffres à bagues, ses anneaux et bagues d'or; un pot d'étain, et un pot, et un pot de demi-pot; item, l'entier usufruit d'une boutique, de laquelle le dit testateur a acheté les prises[1] de Claude Dauge : et ce, pour tout le temps

1. *Le revenu, le loyer* : c'est un terme savoyard que Jean-

qu'il a acheté les dites prises ; — lesquelles choses il veut que sa dite femme prenne et retire à soi, pour en jouir et faire à son bon plaisir, nonobstant qu'il n'ait rien reçu d'elle, ni de ses parents [1] ; et toutefois lui donne les choses susdites, pour les agréables services qu'il a reçus d'elle ;

Item, dit qu'il doit à M. d'Allinge un écu pistolet, qu'il veut lui être payé incontinent après son décès ; item, dit qu'il doit à maître Dalphin, de Rolle, trente-trois sous, et veut qu'ils lui soient payés ;

Item, à Pernette, fille de Jacques Rebin, de Lullier, dix florins, payables quand on la mariera ;

Item, à Simon Caillard, six setiers de bon vin blanc, à les donner payables aux prochaines vendanges, pour les agréables services qu'il lui... (*le notaire a laissé sur la minute la phrase inachevée*).

Et en tous et chacun ses autres biens, meubles et immeubles, droits, titres et actes quelconques, dont il n'a fait mention, il fait, ordonne et institue son héritier, ou héritière, ou héritiers, le posthume (ou posthumes) qui est de présent dans le ventre de la dite Mie sa femme [2] : soit fils ou fille ; s'ils sont deux, chacun d'eux par égales parts et portions ; — auquel posthume (ou

Jacques Rousseau a employé un jour : « Mes travaux passés, dit-il, me semblent tellement étrangers à moi, que quand j'en retire la prise, il me semble que je jouis du travail d'un autre ». *OEuvres inédites*, publiées par Streckeisen, p. 287.

1. Il paraît que dans les années qui suivirent, Mie Miège fit quelque héritage ; car Didier Rousseau, dans son testament de 1581 — que nous n'avons pas, mais qui est cité dans un acte conservé, — reconnaît avoir reçu d'elle la somme de trois cents florins.

2. Mie Miège accoucha en effet quelques mois après ; son enfant fut baptisé le 28 novembre 1570.

posthumes) mourant sans enfant ou sans tester, il sub-
stitue la dite Mie sa femme;

Auquel cas, il donne à la Bourse des pauvres étrangers qui se retirent en cette cité, la somme de cent florins; item, au dit cas, donne par donation pure à Pierre
Reclan, citoyen de Genève, sa maison où il demeure à
présent, à la charge qu'il sera exécuteur, avec Noble
Jean Budé, de son présent testament; lesquels il prie
de bon cœur vouloir accepter la présente charge;

Et en outre, veut que pendant que sa femme se con-
tiendra en viduité, qu'elle prenne six coupes (*environ
450 litres*) de froment, chacun an; et un char (*6 à
700 litres*) de vin rouge. chacun an; et douze florins
d'argent pour acheter un pourceau, chacun an. Et si
elle nourrit l'enfant (ou enfants) qu'elle ait tous les ans
vingt florins, jusqu'à ce qu'elle soit remariée.

Mie Miège donna cinq enfants à son mari; tous
les premiers moururent en bas âge; le dernier,
Jean Rousseau, n'avait pas deux ans quand son
père mourut (dans les derniers mois de 1381).
Didier Rousseau laissait des affaires embarrassées, et sa veuve se mit bravement à les
débrouiller. Elle y eut quelque peine; les autorités
genevoises, auxquelles elle adressait requête sur
requête, ne s'empressaient point de lui accorder
les dégrèvements d'impôts qu'elle sollicitait; on
lui refusa tout net de la décharger de la ferme
des dîmes du village de Lullier, sur laquelle deux
ans restaient à courir.

Sur ces entrefaites, les troupes du duc de
Savoie vinrent faire du butin dans le pays; elles
pillèrent à Lullier toute la partie de la récolte qui
avait été mise à part pour le paiement de la dîme.
La trésorerie genevoise n'entendit pas raison, et
voulut que l'hoirie de Didier Rousseau, l'avoir de
la veuve et de l'orphelin, eût à supporter la perte,
et à payer au gouvernement la somme convenue,
comme si de rien n'était. Mie Miège se débattit
pendant des années contre cette exigence; on finit
de guerre lasse par reconnaître son bon droit.

À ce moment, après trente mois de veuvage,
elle se remaria. C'est avec un nonagénaire qu'elle
vint redemander à l'église la bénédiction nuptiale,
non plus la tête couronnée d'une guirlande de
fleurs, comme les jeunes filles, mais avec un bouquet sur le sein, comme la coutume le voulait
pour les veuves. Son nouveau mari s'était procuré
par cette union une garde-malade pour ses derniers jours, et le vieillard ne tarda pas à mourir.
Dans le printemps qui suivit, Mie Miège épousa
un jeune homme. Elle redevint mère, et fut
bientôt veuve une troisième fois : dès lors nous
perdons ses traces.

Au milieu de ces noces et de ces morts, l'enfant
de son premier mari grandissait. Le jeune Jean

Rousseau fut sans doute bien élevé par sa mère, à en juger par sa vie laborieuse et simple. Nous le retrouverons plus loin, en faisant l'histoire des quatre générations qui séparent Didier Rousseau de Jean-Jacques.

Nous avons sorti de la poussière des archives la souche de l'arbre généalogique du philosophe genevois. L'aspect en est modeste. Ce couple, le plus ancien que nous puissions connaître dans la ligne de ses ancêtres directs, le premier qui se dégage de l'ombre du passé, offre à nos regards deux personnes actives, qui ont lutté avec les difficultés de l'existence, qui se sont évertuées pour vivre, pour laisser quelque bien à leurs enfants. Il y a là de la vertu, mais c'est une vertu bourgeoise et sans éclat, sans rien qui tienne du gentilhomme ou de l'héroïne de roman. Une seule chose, dans tout cela, sort du terre à terre. Didier Rousseau a quitté Paris, le Paris déjà brillant de François Ier et de Henri II, et il a supporté trente années d'exil, parce que dans sa jeunesse il s'était laissé séduire à la voix des novateurs qui prêchaient une libre foi, qui voulaient une Église démocratique, qui appelaient le peuple à lire l'Évangile.

Si les familles de la bourgeoisie savaient garder leurs souvenirs, les entretenir, et se redire de génération en génération l'histoire et la destinée des ancêtres, Jean-Jacques eût été fier de Didier Rousseau ; il eût pensé à lui, quand il dut à son tour abandonner Paris et la France pour être fidèle à ses idées, et quand Genève, qui avait été hospitalière pour son aïeul, fit brûler ses livres et le menaça de la prison. Mais il ne semble pas que le glorieux descendant ait jamais entendu parler de l'homme obscur dont, à cause de lui, nous avons recherché les traces et reconstitué la vie.

CHAPITRE III

LES RÉFUGIÉS FRANÇAIS, ANCÊTRES
DE JEAN-JACQUES

La série qui va de mâle en mâle, dans l'ordre
de filiation, n'est pas la seule qu'il faille considérer. Chacun tient de son père sans doute, mais
aussi de sa mère. Plus on remonte haut dans la
lignée des ancêtres, plus est considérable cette
part adventice que les alliances, à chaque génération, viennent mêler à l'héritage de la ligne
directe. Pour Jean-Jacques Rousseau, on retrouve sur les principales branches de son arbre
généalogique ce que nous venons de voir dans le
ménage de Didier Rousseau, l'entrelacement de
deux races : les réfugiés français et les familles
du pays de Genève.

Quand on établit ce qu'on appelle un *tableau de quartiers*, on rencontre bientôt, dans le damier généalogique, des cases vides que l'absence de documents ne permet pas de remplir. Les lacunes commencent pour Rousseau au quatrième degré, où on ne lui connaît que 15 ascendants sur seize. Au degré supérieur, on ne peut inscrire, au lieu de trente-deux, que vingt-six noms de famille. On arrive ensuite au sixième degré (soixante-quatre quartiers), ce qui se trouve correspondre au second quart du XVI⁰ siècle, c'est-à-dire à une époque où les registres de baptêmes et de mariages n'étaient pas encore établis. En outre, à cette date, la moitié des familles dont Jean-Jacques est descendu avaient encore leur demeure en divers lieux de France, où les recherches généalogiques sont beaucoup moins faciles qu'à Genève; presque toutes les branches de notre arbre s'arrêtent là. On ne peut prolonger encore plus loin les lignes ascendantes qu'en suivant deux rameaux qui s'élèvent au-dessus des autres, et dont la dernière cime atteint le milieu du XIV⁰ siècle.

Escalader tous ces degrés jusqu'à ce qu'on soit arrêté par le vide, suivre le fil généalogique en ses bifurcations successives jusqu'au point où il vous échappe enfin, ce sont là des divertissements

d'érudits; on peut se plaire à ce sport savant.
Quelques milliers de personnes, dans les familles
genevoises d'aujourd'hui, sont heureuses de trouver sur la liste de leurs ancêtres tel ou tel indi-
vidu qui a aussi sa place parmi les ascendants
de Jean-Jacques Rousseau. La série des filiations
qui établissent ainsi un rapport de parenté entre
le philosophe et beaucoup de nos contemporains
fait plaisir à quelques personnes, et peut amuser
les esprits curieux; mais elle n'offre pas en soi un
sérieux intérêt. La sécheresse de ces tableaux
décharnés est rebutante. Il n'y a que deux cas où
les trouvailles qu'on peut faire méritent d'être
signalées. Soit quand on atteint des familles
venues de provinces éloignées : il n'est pas indifférent de bien déterminer la part de l'élément
étranger et celle de l'élément indigène dans l'ascendance de Rousseau; soit quand de vieux documents permettent de jeter un regard sur la vie
privée, de découvrir quelque trait de mœurs ou
de caractère, de mettre en lumière quelque
curieux incident.

Ceux des ascendants de Rousseau qui ne sont
pas originaires de quelqu'un des villages des environs de Genève, sont tous venus de France, à la
seule exception de la famille de la Rive, une des

plus anciennes et des plus considérées de la ville : elle était de souche italienne, étant sortie de Mondovi en Piémont.

Le sage et judicieux Boileau a indiqué, dans sa satire *sur la Noblesse*, la raison qui ne permet pas de se fier aux chiffres auxquels on arrive par des calculs généalogiques :

> Tous les livres sont pleins des titres de vos pères :
> Leurs noms sont échappés du naufrage du temps.
> Mais qui m'assurera qu'en ce long cercle d'ans,
> A leurs fameux époux vos aïeules fidèles,
> Aux douceurs des galants furent toujours rebelles?
> Et comment saurez-vous si quelque audacieux
> N'a point interrompu le cours de vos aïeux?

Cette réserve faite — et quelles que soient certaines incertitudes que n'ont pas encore dissipées les recherches étendues et attentives que M. Louis Dufour-Vernes et moi-même nous avons faites et continuons à faire, — on peut dire que la part de l'élément étranger, dans l'ascendance de Rousseau, dépasse le tiers du total, tandis que celle de l'élément local est supérieure à la moitié.

La plupart des réfugiés qu'on rencontre dans le tableau des ancêtres de Jean-Jacques sont arrivés à Genève sous Henri II; on ne trouve que quatre personnes qui y soient venues après la Saint-Barthélemy. Dans l'ordre chronologique des premières mentions de leur présence à Genève, Didier Rousseau marche en tête de tous; les autres s'échelonnent ainsi :

1551. — Jean Toucheron, marchand drapier, de Blois.

1552. — Jean Le Grand, orfèvre, de Paris[1]; sa femme Françoise Bardet, de Lyon.

1554. — Raymond Eschard, marchand, de Blois.

1555. — Julien Baudet, menuisier, de Domfront en Normandie; sa femme Gabrielle Melin, de Lyon. — René Janvier, teinturier, de Blois.

1558. — Antoine Cresp, sergier, de Grasse en Provence.

1559. — Simon Lemaire, marchand, de Salins en Franche-Comté.

1561. — Bon Bluet, passementier, d'Amiens; sa femme Guillemette Jussin, de Saint-Dizier en Champagne.

1574. — Simon Mussard, orfèvre, de Château-dun.

1576. — François Chouan, marchand, de Tou-

---

1. Dans les premiers mois de 1571, Jean Le Grand quitta Genève où il venait de passer vingt ans, et alla avec sa famille s'établir à Lyon. Deux ans après, nous retrouvons à Genève sa veuve, qui se remarie le 22 juillet 1573. — Jean Le Grand aurait-il été une des victimes de la Saint-Barthélemy?

louse. — Dominique Magnin, marchand, de Mâcon; sa femme Colombe Grandjean de Fouchy, de Chasselas en Mâconnais[1].

L'émigration protestante du XVIe siècle s'est étendue à toutes les provinces de France. Comme à la fin du siècle dernier, en face d'un gouvernement irrité et de l'effervescence populaire, la minorité proscrite abandonnait ses biens et sauvait sa vie. Comme à la Révolution, les autorités et la foule, en France, étaient d'accord pour menacer et sévir; les mêmes craintes amenaient les mêmes effets : toute une élite prit le chemin de l'exil. Sur les rives du Léman, à Lausanne, à Genève, les réfugiés affluaient. Après une fuite précipitée, après un voyage périlleux, ils y trouvaient repos et sûreté.

1. Il n'y a plus aujourd'hui que deux de ces familles, les Rousseau et les Mussard, qui possèdent encore quelques rameaux verdoyants. Toutes les autres sont successivement tombées en quenouille et ont vu leur nom s'éteindre; mais elles ont une postérité nombreuse et florissante dans les familles où leurs filles sont entrées.

En quittant la France, les réfugiés y avaient laissé des parents. Dans ces branches restées au pays, une seule des familles citées a donné des hommes distingués. Ce sont les Grandjean de Fouchy. Quand Jean-Jacques Rousseau, en 1742, soumit à l'Académie des sciences un projet de réforme des signes de la musique, un Grandjean de Fouchy était secrétaire perpétuel de l'Académie, et il fit partie de la commission chargée de faire un rapport sur ce projet.

En même temps que ces personnages aux noms inconnus que nous venons d'énumérer, modestes bourgeois qui ont vécu ignorés et sans mémoire, on voyait arriver Théodore de Bèze, Henri Estienne, Hotman, Scaliger; — Arnaud Casaubon, de Gascogne, le père du célèbre philologue Isaac Casaubon; — Antoine de Saussure, de Lorraine; Pyramus de Candolle, de Fréjus en Provence, les aïeux des savants illustres qui devaient naître deux cents ans plus tard. La France chassait hors de ses frontières quelques-uns de ses meilleurs enfants, quelques-unes de ses familles dont le sang était le plus fécond et le plus pur.

Le lieu d'asile, au pied des Alpes, était une belle contrée qui plaisait au regard; et beaucoup de ceux qui avaient traversé les montagnes pour l'atteindre, en voyant le lac bleu et les villes assises sur ses bords, ont dû éprouver les sentiments que décrivait Saint-Preux : « L'instant où, des hauteurs du Jura, je découvris le lac de Genève, fut un instant d'extase et de ravissement. La vue de ce pays, l'air des Alpes, si salutaire et si pur, cette terre riche et fertile, ce paysage unique, le plus beau dont l'œil humain fut jamais frappé, la sérénité du climat, tout cela me jetait dans des transports. »

Mais ces impressions des arrivants ne s'effaçaient que trop vite [1], quand une fois les fugitifs avaient passé les portes de la cité, et s'étaient installés dans quelqu'une des rues étroites et sombres de la vieille Genève. Au milieu du beau paysage qui l'entourait, la cité calviniste pouvait être comparée quelquefois à une ruche d'abeilles, quelquefois à un guêpier, toujours à une fourmilière. Le travail et l'économie s'imposaient : ces vertus de fourmis étaient nécessaires aux nouveaux venus. La prose de cette vie ne rebuta pas les familles de bourgeoisie laborieuse qui formaient le noyau de l'émigration protestante. Ouvriers, patrons, marchands, appauvris par l'exil, s'acquittaient pendant la semaine de leur tâche, exerçaient quelque métier monotone, pour avoir la joie austère d'être en paix le dimanche, quand ils venaient écouter les sermons, les prières, et chanter les psaumes qui faisaient courir le risque du bûcher à leurs coreligionnaires

1. Voltaire, à son arrivée dans le pays, fut lui-même séduit à son aspect; — qu'on se rappelle sa poésie sur le lac Léman : *Mon lac est le premier....* — Mais le désenchantement vint ensuite aussi, et Voltaire écrivit un jour : « J'habite un pays qui a l'air du paradis terrestre, mais qui en réalité est maudit de Dieu, et ne produit rien d'agréable ». Lettre à la comtesse de Saint-Point, datée de Ferney, 1ᵉʳ octobre 1768.

restés en France. La persécution n'avait-elle pas
atteint leurs proches et leurs amis, qui avaient
cruellement souffert par elle, ou qui avaient
courbé la tête en frémissant? Eux, au contraire, lui avaient échappé, et ils étaient libres
et fiers.

Dans la moitié des familles dont Jean-Jacques
descend, on arrive, en en cherchant l'origine, à
quelque paysan des environs de Genève, qui est
venu s'établir à la ville. Les autres branches de
son arbre ascendantal aboutissent aux réfugiés
français dont j'ai donné les noms. Il y avait
mariage de deux races; quel fut l'apport de chacune d'elles?

D'aucun côté, rien qui appartienne à la noblesse
militaire, qui rappelle l'antique chevalerie; rien
que des bourgeois et des rustres. Tous étaient
protestants, et la Réformation avait fait ce que fit
plus tard la Révolution. A Genève, en 1536, quand
les troupes catholiques eurent lâché pied devant
les bandes bernoises, Jeanne de Jussie raconte
qu'on voyait monter au ciel, de tous les côtés, la
fumée des châteaux incendiés : c'est le même
spectacle que décrivent, à la Révolution, les lettres de Sismondi, datées de Lyon. Nulle part,
chez les ancêtres de Rousseau, on n'aperçoit

quelque tradition de fidélité féodale [1], ni chez ceux qui ont quitté le royaume des fleurs de lis, ni chez ceux qui ont abattu les écussons où brillait la croix blanche de Savoie. — Des deux côtés, en revanche, beaucoup de sérieux et d'honnêteté ; le commandement divin : « Tu travailleras six jours, et tu ne te reposeras que le septième », était accepté de bon cœur, et formait la règle de la vie.

La culture de l'esprit, l'amour de l'étude, appartenaient aux réfugiés beaucoup plus qu'aux gens du pays. Sur ce versant oriental du Jura, on était resté trop longtemps sans cultiver les lettres. La France avait des poètes depuis quatre cents ans, quand on s'avisa enfin de les imiter dans les contrées qui environnent le lac Léman ; et bientôt les bouleversements causés par la Réforme arrêtèrent net cette floraison tardive [2]. Les représentants isolés de la littérature locale, Bonivard, Jacques Gruet, Jean Gacy, n'eurent pas de successeurs ;

---

1. Dans le *Contrat social* (I, 4) Rousseau parle de la féodalité avec une plaisante indignation : « système absurde, dit-il, contraire aux principes du droit naturel, et à toute bonne politie ».

2. Elle avait été bien chétive ; et Bonivard lui-même en faisait peu de cas : « L'Évangile vint, dit-il ; et quant et lui les bonnes lettres ». *Ancienne et nouvelle police de Genève*, p. 127.

la place fut prise par les hommes d'étude venus de France, théologiens et juristes. Comme ils étaient écoutés et considérés, ils mirent leur marque sur le public qui les entourait; l'esprit genevois, moraliste et discuteur, se forma à leur image; ils sont, en quelque mesure, les ancêtres intellectuels de Jean-Jacques.

Au moment où leur foule emplissait Genève, ils furent visités, toisés et jugés, bien vite et bien sévèrement, par un de leurs compatriotes, un poète charmant et chagrin, que la postérité devait aimer, Joachim du Bellay. Il revenait de Rome en France, en passant par la haute Italie et la Suisse, et notait au passage le croquis rapide et léger de chacune des villes qu'il traversait. Il vit à Genève les réfugiés français qui y vivaient rassemblés; il a fait d'eux un noir tableau dans un des sonnets des *Regrets* :

Je les ai vus, Bizet, et si bien m'en souvient :
J'ai vu dessus leur front la repentance peinte,
Comme on voit ces esprits qui là-bas font leur plainte,
Ayant passé le lac d'où plus on ne revient.

Un croire de léger les fols y entretient,
Sous un prétexte faux de liberté contrainte;
Les coupables fuitifs y demeurent par crainte;
Les plus fins et rusés, honte les y retient!

Au demeurant, Bizet, l'avarice et l'envie,
Et tout cela qui plus tourmente notre vie,
Domine en ce lieu-là plus qu'en tout autre lieu.

Je ne vis oncques tant l'un l'autre contredire;
Je ne vis oncques tant l'un de l'autre médire :
Vrai est que, comme ici, l'on n'y jure point Dieu 1.

Ces exilés regrettaient la patrie absente. Quand on est né en France, on aime à y demeurer ou à y revenir; ils étaient assombris en s'en voyant éloignés pour toujours : faut-il le leur reprocher? Au temps du Consulat, après dix ou douze ans de souffrance, les émigrés ont pu rentrer au pays, tandis qu'au xvie siècle, l'Édit de Nantes se fit attendre beaucoup plus longtemps.

Qu'il y eût d'ailleurs, chez ces protestants, quelque âpreté naturelle, renforcée par le malheur; qu'on les vît mécontents de leur sort, de leurs compagnons d'infortune, et sans doute aussi du peuple qui leur donnait l'hospitalité [2]; qu'ils

1. La loi genevoise ne permettait pas le moindre juron : « Que nul, disait-elle, ne soit si osé et si hardi de jurer le nom de Dieu; sur peine, pour la première fois, de baiser terre; et pour la seconde, de baiser terre et de trois sous: pour la troisième, de soixante sous, et trois jours en prison au pain et eau; et pour la quatrième, d'être privé de la ville pour an et jour » (*d'être banni pour un an et un jour*).

2. *Avenaire* (du latin *advena*) est un mot du dialecte de nos contrées, qui signifie *étranger*. Saint François de Sales, par exemple, l'a employé en ce sens. Mais dans le parler genevois, *avenaire* a pris (depuis l'affluence des réfugiés, sans doute) un sens défavorable : « L'avenaire est un homme essentiellement désagréable, qui blâme tout, qui dénigre tout, et chez qui la contradiction est un besoin ». HUMBERT, *Glossaire genevois*.

fussent aigris, en un mot, c'est tout simple,
comme il est tout simple aussi que Du Bellay en
ait été choqué. Le portrait qu'il a tracé est chargé
sans être infidèle. La tache est restée. Voltaire,
qui a pu observer Genève et les Genevois de très
près, et longtemps, disait au siècle dernier :
« L'envie est le vice dominant de cette petite
ruche, où l'on distille du fiel au lieu de miel. »
Aujourd'hui encore, les défauts que Du Bellay a
signalés persistent, et sont une des marques du
caractère genevois, où ils se combinent, il faut
le dire, avec d'heureuses qualités qui sont aussi
une part de l'héritage que les fiers réfugiés français ont laissé à leurs descendants. Les bons
observateurs retrouvent ce pli profondément creusé
dans la figure des hommes d'aujourd'hui. Amiel
l'a dit en des vers moins beaux, mais aussi vrais
que ceux du poëte de la Pléiade :

> Race de mécontents, les fils ont l'énergie,
> La science, l'honneur et la droiture ; mais
> L'amour-propre est chez eux l'éternelle vigie :
> Le *moi* des Genevois ne sommeille jamais.
> Leur mérite est réel, mais il manque de charme,
> Et même leurs vertus ne plaisent pas beaucoup....

Le caractère de la race indigène était-il plus
accort que celui des réfugiés ? Voyez ce qu'en
pensait Calvin, qui a bien connu le peuple de sa

ville, et qui disait à ses confrères, à son lit de mort : « Vous êtes en une perverse et malheureuse nation ; et combien qu'il y ait des gens de bien, la nation est perverse et méchante ».

Notons encore une autre parole de même portée. C'est la Compagnie des pasteurs, au mois de décembre 1603, qui vient « avertir Messieurs (*les membres du Conseil*) et leur donner avis d'user de prudence et support, considérant qu'ils ont affaire à un peuple qui est une bête farouche et dangereuse... ».

A vrai dire, ce sont là des jugements plus sévères qu'équitables. Toujours est-il que Jean-Jacques Rousseau était d'une race rude, et l'on s'en aperçoit. S'il n'y avait pas eu, pour l'assouplir, de longues intimités féminines, et toute sa jeunesse passée dans l'aimable pays de Savoie, il n'aurait jamais su le secret de séduire le public français.

Au reste, parmi tous ces hommes de lettres avec qui Du Bellay a pu s'entretenir à Genève, nous ne voyons aucun des ascendants de Rousseau ; il ne tient à eux que par l'influence qu'ils ont exercée dans la ville où il a été élevé. Ses ancêtres ne sont que des marchands et de modestes industriels, mais ce n'en sont pas moins des réfugiés :

ils avaient été hommes à rompre, pour l'amour d'une idée, toutes les attaches qui les retenaient au sol natal ; ils avaient assez tenu à leur foi pour quitter leur pays, leurs amis de jeunesse, le milieu où ils avaient vécu jusqu'au moment de la persécution ; ils avaient eu le courage de tout abandonner, pour marcher seuls à la rencontre de l'inconnu.

L'auteur du *Contrat social*, qui a dressé le plan d'une société sans racines, était l'arrière-petit-fils d'*hommes déracinés*.

CHAPITRE IV

LA FAMILLE ROUSSEAU

Pendant toute la durée du xvii⁰ siècle, la petite
république genevoise vécut d'une vie morne et
serrée, sous un régime disciplinaire supporté sans
murmure par le corps des citoyens, et maintenu
par la vigilance assidue d'un gouvernement à
qui l'Église demeurait étroitement unie et presque
soumise. La postérité des réfugiés venus de
France s'était amalgamée avec l'ancienne population. Henri IV avait donné l'édit de Nantes, et
pendant longtemps les protestants du royaume ne
songèrent plus à le quitter; la source de l'immigration française demeura tarie jusqu'aux dra-
gonnades. La ville de Genève était pauvre, et
n'attirait guère l'étranger; la peste vint la dépeu-
pler à plus d'une reprise.

Les alliances conclues avec la France et les cantons de Zurich et de Berne, le traité de paix avec la Savoie, en 1603, avaient assuré à l'extérieur la situation du petit État : il était formé d'une ville fortifiée, entourée de sa banlieue, ou pour mieux dire, d'un glacis étroit; plus, quelques villages enclavés dans les possessions des voisins. Au dedans, tranquillité parfaite. Cent ans se passèrent, pendant lesquels les Genevois vécurent satisfaits de se sentir conduits et surveillés par une magistrature qui comprenait paternellement ses devoirs, et leur tenait la bride bien courte.

Un caractère national d'une grande originalité se forma lentement alors, et il a duré longtemps. Il subsistait encore, quand Stendhal, qui passa par Genève en 1811. en jugea les habitants d'un coup d'œil : « Ils jouissent, dit-il, par l'orgueil et les passions tenaces. Leur ville, que j'ai parcourue, a l'air d'une prison. Elle est d'un silence et d'une tristesse [1] dont je n'ai vu d'exemple nulle part. »

1. Voltaire a défini Genève : « Une ville triste, où tout le monde est de mauvaise humeur ». Lettre à Moultou, 4 février 1766. Il est juste de remarquer toutefois que cette lettre de Voltaire date d'un temps de crise politique, où la discorde aigrissait tous les esprits à Genève; et que Stendhal a vu cette ville à une époque où elle était courbée sous le joug impérial, et regrettait amèrement la liberté perdue.

Si Genève a un sombre aspect quand souffle la bise de mars, c'est tout autre chose dans un beau jour d'été.

Isolez ces derniers mots : ils expliquent précisément l'attrait que cet état de choses inspirait aux Genevois; ils n'étaient pas comme les autres. Ils se répétaient journellement à eux-mêmes, on leur commentait du haut des chaires ces mots de l'apôtre : « Vous êtes la nation sainte, le peuple élu; vous êtes des prêtres et des rois ».

Tandis que les paysans des contrées environnantes et les bourgeois des petites villes de Savoie et de Vaud obéissaient à des baillis ou des gentilshommes que leur envoyaient les gouvernements lointains de Berne, de Turin ou de Paris, sans qu'ils eussent eux-mêmes un mot à dire sur le choix, les citadins de Genève étaient leurs propres maîtres; ils se réunissaient chaque année dans leur cathédrale et nommaient leurs magistrats. A vrai dire, des lois ingénieuses restreignaient l'étendue des droits populaires; les élus de la veille désignaient les éligibles du lendemain; mais si le gouvernement était, en définitive, très aristocratiquement conduit, les formes demeuraient démocratiques : c'était une chose si rare dans l'Europe d'alors, que la petite et la moyenne bourgeoisie envisageaient avec une juste fierté la part de pouvoir dont elles jouissaient à Genève.

Les magistrats étaient intègres; leur vie privée,

irréprochable. Dans leur jeunesse, leur naissance leur avait ouvert l'entrée des emplois publics; ils avaient gravi lentement l'échelle qui conduisait aux plus hautes dignités. Mais ces fonctions qui leur étaient confiées de bonne heure, les mettant en contact avec le peuple, ils étaient en butte à sa critique. S'ils surveillaient les simples citoyens, ceux-ci le leur rendaient bien, et ne leur passaient rien. Les familles d'un rang élevé, qui se partageaient le pouvoir, étaient naturellement jalouses les unes des autres. Leurs privilèges étaient fondés, non sur la force, mais sur la coutume, et en définitive, sur la considération publique que leur avaient acquise leurs ancêtres, les magistrats libérateurs du xvie siècle. Cette considération était leur bien commun, le plus précieux de tous, la meilleure digue contre le flot démocratique; chacun était attentif au danger de la laisser entamer. Une faute grave était aussi sévèrement jugée en haut qu'en bas.

L'hypocrisie, qui semble le fruit naturel d'un régime semblable, était elle-même impossible, la ville étant si petite qu'elle n'offrait point de retraite où se cacher. Il fallait être vertueux, ou s'en aller. On restait; et les caractères se raidissaient. La grâce aimable, le charme, l'élégance étaient absentes; l'honnêteté était foncière. Le peuple nommait en Conseil général ses magistrats suprêmes; mais le Conseil des Deux-Cents, qui désignait les candidats éligibles, n'offrait à son choix que des hommes sans reproche. Les citoyens genevois pouvaient élire leurs syndics au gré de leur caprice; il était impossible que leur vote s'égarât sur des indignes. Ainsi s'explique cette confiance aveugle, et qui nous fait sourire, que l'auteur du *Contrat social* témoigne dans les effets de l'élection populaire : « Moyen, dit-il, par lequel la probité, les lumières, l'expérience, et toutes les autres raisons de préférence et d'estime publique, sont autant de garants qu'on sera sagement gouverné ». Ah! philosophe de Genève, vous êtes bien de votre pays, vous vous imaginez que le vaste monde se gouvernera comme votre petite ville. Nous voyons aujourd'hui ce qui se passe des deux côtés de l'Océan, et nous ne sommes pas aussi rassurés que vous sur les garanties que présentent les choix populaires.

L'orgueil national qui enflait le cœur des Genevois était fondé avant tout sur le fait qu'ils étaient un peuple souverain dans un État libre; mais il était abondamment alimenté par l'idée que leur ville était la Rome protestante. Elle l'avait été en effet, pendant soixante ans, tant qu'avaient vécu Calvin et Théodore de Bèze, qui étaient les chefs intellectuels de la Réforme française. Genève avait été une métropole religieuse, mère et maîtresse des églises de France, dont les ministres avaient fait leurs études à son Académie. Ce sont les presses genevoises qui imprimaient les livres religieux que les missionnaires protestants répandaient en France.

Plus tard, sous le régime du bienfaisant édit de Nantes, le protestantisme français put avoir des académies dans le royaume même, à Saumur, à Sedan, à Montauban, à Die; et Genève fut alors comme une matrone au foyer presque désert, à laquelle ses enfants émancipés conservent un respect filial. Quand revinrent les mauvais jours pour les sujets protestants de Louis XIV, ce n'est pas Genève que choisirent leurs écrivains pour y établir leur quartier général; ils se réfugièrent aux Pays-Bas, et c'est de là que partirent leurs pamphlets. Mais le pays de Guillaume III et de Bayle n'inspirait pas beaucoup de révérence; il était trop laïque, et l'esprit y était trop libre. C'est la vieille cité huguenote qui demeurait, dans l'imagination fervente des églises opprimées, le phare lumineux, brillant à l'horizon.

Genève était au sud le dernier des États protestants; tout le Midi avait les yeux sur cette
ville, ainsi placée à l'extrême frontière d'une
grande idée. La république se sentait fortement
aimée et haïe [1]. Les citoyens étaient fiers de leur
foi; ils avaient conscience d'une certaine respon-
sabilité historique et religieuse, conséquence
d'une situation exceptionnelle. Leurs pasteurs
leur répétaient qu'ils étaient le peuple de Dieu,
isolé au milieu des autres, et protégé du ciel
comme l'antique Israël. Les sermons de chaque
dimanche étaient pleins d'exhortations à se souvenir de cette haute mission, à demeurer fidèles
à la sainte foi évangélique, et toujours prêts à la
professer hautement. Ce n'est pas s'abuser sans
doute que de chercher un écho de ces discours
que Jean-Jacques Rousseau a entendus à quinze
ans, dans les paroles que le Vicaire savoyard
adresse à son jeune disciple : « Restez toujours
ferme dans la voie de la vérité. Osez confesser
Dieu chez les Philosophes; osez prêcher l'huma-
nité aux intolérants. Vous serez seul de votre
parti peut-être; mais vous porterez en vous-même

----

1. « .... Genève, ville la plus haïe, qui soit en la chré-
tienté... », écrivait le cardinal d'Ossat, dans une lettre
datée de Rome, 27 janvier 1603.

un témoignage qui vous dispensera de ceux des hommes. Qu'ils vous aiment ou vous haïssent, il n'importe. Dites ce qui est vrai : ce qui importe à l'homme est de remplir ses devoirs sur la terre. »

Entrons maintenant dans le détail, et suivons la famille Rousseau au cours du XVIIᵉ siècle, en nous rappelant que les citoyens de Genève, peuple et magistrats, étaient en garde contre le roi de France, et qu'ils virent passer le règne de Louis XIV sans se laisser éblouir, sans même en voir l'éclat, tant ils avaient les yeux baissés sur leurs propres affaires!

Dans une petite ville comme Genève, où la société était très étagée, il faut savoir distinguer : la haute bourgeoisie, la riche bourgeoisie, la bourgeoisie aisée, la bourgeoisie lettrée, la bonne bourgeoisie, la moyenne bourgeoisie, la bourgeoisie pauvre, la petite bourgeoisie et la basse bourgeoisie.

Une famille genevoise sortait de la bourgeoisie et entrait dans l'aristocratie, quand un de ses membres était nommé au Petit Conseil, ou Conseil des XXV. En restant dans la bourgeoisie, elle sortait de pair et entrait dans la haute bourgeoisie, alors que quelqu'un de ses membres était élu au Conseil des Deux-Cents. Or, aucun membre de la famille Rousseau n'a eu cet honneur très envié et recherché.

Quant aux autres degrés que j'ai énumérés, à ces niveaux divers et superposés que l'œil d'un étranger n'eût pas facilement réussi à bien distinguer, une famille pouvait osciller de l'un à l'autre selon la bonne et la mauvaise fortune, l'habileté ou la loyauté de la conduite, le savoir-faire industriel et commercial, l'honnêteté ou la légèreté des mœurs, la bonne éducation que recevaient les enfants ou qui leur avait manqué. L'opinion publique était attentive à tout ; le jugement d'un clergé très vigilant et très respecté avait toujours un grand poids, et la vieille Genève, en somme, était toute semblable à la grand'mère d'Ausone :

> .... non deliciis ignoscere prompta pudendis,
> Ad perpendiculum seque suosque habuit.

Jean Ier Rousseau, le fils de Didier, s'était marié très jeune à une femme plus âgée que lui, Élisabeth Bluet, qui appartenait comme lui à une famille de réfugiés français. Il était maître tanneur, et acquit une modeste aisance ; ses trois enfants s'allièrent à de bonnes familles. Sa fille

aînée épousa un horloger, et il plaça son fils Jean
en apprentissage chez son gendre. En quelques
lignes, j'ai crayonné une vie de soixante ans. Nous
ne la connaissons que par de sèches mentions des
registres officiels, et certains actes notariés.

Je citerai son testament. Aux archives de
Genève, où j'ai lu quelques centaines de testaments écrits dans les siècles derniers, j'ai souvent
remarqué l'accent personnel qui y résonne. En
face de la mort, ces bourgeois honnêtes, qui pendant tant d'années avaient vécu courbés sur leur
travail, se redressaient. Ils mettaient toute leur
âme sérieuse dans les paroles que leurs familles
ne devaient entendre qu'après leur mort. Le
notaire sans doute les guidait dans la rédaction
des phrases; mais leur cœur sentait qu'ils avaient
quelque chose à dire, et c'est leur voix que nous
entendons. Laïques, ils avaient écouté les sermons
de chaque dimanche. Leur tour de parler était
venu, ils savaient le saisir. Lisez à haute voix ce
qui suit : vous croirez entendre parler un pasteur protestant :

26 février 1639.

Je soussigné Jean Rousseau, fils de feu honorable
Didier Rousseau, citoyen de cette cité de Genève, sachant
que les issues de la vie et de la mort sont au Seigneur,

et qu'il n'y a point de condamnation à ceux qui, confessant leurs péchés à Dieu, recourent à l'agneau sans macule, le sang duquel ôte les péchés du monde : après m'être recommandé à la miséricorde de mon Dieu, le remerciant de tant de bénéfices qu'il lui a plu me départir, singulièrement en ce qu'il m'a amené à la connaissance de mon salut en son fils bien-aimé, notre Seigneur Jésus-Christ, mon seul sauveur et rédempteur; et désirant disposer des biens périssables qu'il lui a plu me donner en ce monde, étant (grâces à Dieu) en pleine santé de corps et d'esprit, j'ai fait mon testament secret, et ordonnance de ma dernière volonté, que j'ai dictée et fait écrire au notaire avec moi soussigné, comme s'ensuit :

Premièrement, je veux et entends qu'après mon décès mon corps soit sépulturé honorablement, suivant le bon ordre établi en cette dite cité, pour reposer en terre jusqu'au jour de la bienheureuse résurrection, laquelle je crois, comme aussi tous les autres articles de notre foi, contenue au symbole des Apôtres;

Quant à mes biens, je donne et lègue aux pauvres de l'hôpital général de cette cité la somme de 50 florins, semblable somme de 50 florins au collège, et autres 50 florins aux pauvres de la Bourse française de cette cité;

Item, je donne et lègue à honorable Élisabeth Bluet, ma très chère et bien-aimée femme, en contemplation de notre conjugale amitié et des agréables services que j'ai reçus d'elle : sa nourriture et entretien honorable de toutes choses nécessaires pour la vie humaine, en ma maison, aux dépens de mon héritier, auquel j'enjoins lui porter tout respect, honneur et révérence filiale; et au cas que ma dite femme voulût faire son ménage à part et se séparer d'avec mon héritier, en ce

cas, outre ses droits-dotaux contenus en notre contrat
de mariage, je lui donne la somme de 1000 florins, et
une chambre garnie de tous meubles nécessaires, lesquels meubles elle pourra prendre et lever à son choix....

Pendant les trois générations qui suivirent, le
métier d'horloger fut celui de la famille Rousseau.
L'horlogerie, qui n'occupe plus aujourd'hui à
Genève qu'un petit nombre d'habiles ouvriers, y
florissait alors beaucoup davantage. Jean II Rousseau était donc horloger, et ce métier lucratif lui
permit de faire fortune. Il eut dix-neuf enfants;
dix ou onze d'entre eux se marièrent. Le digne
homme s'avisa, en 1654, de s'adresser au Conseil,
exposant qu'il avait à ce moment seize enfants
vivants, d'un seul et même mariage, notamment
dix mâles; et demandant qu'on l'exemptât de
payer certains impôts, en considération de la
lourde charge qui pesait sur lui. On fit droit à
une requête aussi-bien motivée. Il ne lui restait
que dix enfants, quand il mourut à soixante-dix-
huit ans; et c'est à cette lignée encore nombreuse
que fait allusion un passage des *Confessions* où
Rousseau dit, avec force erreurs : « Un bien fort
médiocre à partager entre quinze enfants, avait
réduit presque à rien la portion de mon père ».
On ramènera les dires de Jean-Jacques à l'exacti-

tude, en lisant : « Un héritage de 31 000 florins —
ce qui constituait il y a deux cents ans une belle
fortune, et non pas *un bien fort médiocre* — ayant
été partagé entre dix frères et sœurs, la part de
mon grand-père ne fut pas très considérable ».

Jean II Rousseau avait fait un testament
quelques jours avant sa mort; je n'en citerai que
le préambule :

Au nom de Dieu, amen. Comme ainsi soit que par la
désobéissance, le péché soit entré au monde, et par le
péché la mort, sans qu'il y ait aucun qui en puisse
savoir l'heure; ce que considérant, moi, Jean, fils de
feu Jean Rousseau, citoyen de Genève, marchand et
maître horloger, me voyant par la volonté de Dieu
indisposé de ma personne et déjà bien avancé en âge,
j'ai voulu faire ce présent mien testament pendant
qu'il plaît encore à ce bon Dieu de m'en donner la
force....

On possède l'inventaire des biens de ce riche
horloger, dressé à son décès. On y remarque une
petite bibliothèque, une jolie collection d'armes,
six épées, quatre mousquets, cinq arquebuses,
une pertuisane, deux hallebardes, et aussi une
intéressante série de portraits de famille, qui ont
malheureusement disparu. Maison en ville, maison à la campagne, bijoux et diamants, c'eût été
presque l'opulence, si ces grands biens n'avaient

pas dû être divisés en tant de parts. La femme de
Jean II Rousseau, Lydie Mussard, qui s'était
mariée à seize ans, était d'une famille très bien
placée dans la société genevoise. Les alliances de
ses enfants appartenaient aussi à la bonne bourgeoisie. La famille Rousseau, à ce moment de son
histoire, fut à son apogée. Les générations qui
suivirent ne surent que garder cette situation sans
l'accroître, ou déchoir.

David Rousseau, le septième des enfants de
Jean II, fut le grand-père de Jean-Jacques ; il
mourut presque centenaire, au moment où son
petit-fils venait de s'établir aux Charmettes. L'auteur des *Confessions* l'a donc connu ; il a dû voir
souvent ce vieillard ; on se demande pourquoi
il n'a pas dit un mot de lui. Mais une lettre de la
main de David Rousseau, et son portrait, qui
nous ont été conservés, nous permettent de le
toucher de plus près que ses prédécesseurs. La
lettre est cachetée d'un cachet aux armes de la
famille Rousseau : un soleil cantonné de quatre
étoiles, dans un écusson surmonté d'un casque et
entouré de lambrequins [1]. Elle est adressée au

---

1. Noé Rousseau, frère cadet de David, horloger comme
lui, avait pris des armoiries plus compliquées : D'azur, à la
bande de gueules, accompagnée, *en chef*, d'un soleil à l'angle

marquis de Saint-Michel, à Chambéry. On y voit un jeune ouvrier fort serviable et empressé auprès d'un riche acheteur :

De Genève, ce 22 janvier 1674.

Monsieur,

Ayant reçu par le messager une lettre de votre part, par laquelle j'ai appris que vous souhaitiez avoir une montre à boîte d'argent, avec le couvercle plein, pour la pouvoir porter sans étui, et à chaînette, où il y ait des pointes pour connaître de nuit les heures et les demies, vous ne m'y marquez pas la grandeur; mais je crois que vous la souhaitez d'une grandeur ordinaire : c'est pourquoi je vous en *vas* commencer une comme vous la voulez, qui sera dans sa perfection dans un mois; et j'espère que vous en aurez tout le contentement que vous pouvez espérer, soit en bonté et en propreté.

Pour le prix, au plus juste, c'est quatre pistoles

senestre du chef, et de deux étoiles côtoyant la bande, faisant l'équerre avec le soleil; *en pointe*, d'un croissant, les pointes tournées vers la bande, entre deux étoiles côtoyant la bande.

Le roi Charles X, par brevet du 30 juin 1830, a donné le titre de baron à un arrière-petit-fils de Noé, Jean-Baptiste Rousseau, qui avait été consul de France dans quelques villes d'Orient, et qui était correspondant de l'Institut (Académie des inscriptions et belles-lettres). Son petit-fils, le baron Alfred Rousseau, est aujourd'hui consul de France à Syra dans l'Archipel.

Les armoiries que le roi de France donna au baron Rousseau sont : D'or au palmier de sinople; et au pied un puits d'argent sur une terrasse de sinople; au chef d'azur, chargé d'un badelaire d'argent. Devise : *Ne quid nimis.*

(*fr. 40, dans notre monnaie d'aujourd'hui*), mais vous
pouvez vous assurer que ce sera quelque chose de bien.

Je vous prie d'avoir la bonté de me faire savoir par
quelle voie je vous la ferai tenir : car elle sera prête au
temps que je vous ai marqué. Dès à présent, je vais
travailler après. Je vous supplie, si vous me jugez
capable de vous servir en quelque chose, de prendre
la peine de m'y faire savoir, et vous verrez par effet le
zèle que j'ai à vous rendre mes très humbles obéissances.

Espérant d'avoir un jour cet honneur, je prendrai la
liberté de me dire à jamais, monsieur, votre très humble
et très obéissant serviteur,

DAVID ROUSSEAU.

David Rousseau, à vingt-quatre ans, avait épousé
Suzanne Cartier, fille d'un tanneur, et petite-fille
d'un notaire. Il n'eut pas dix-neuf enfants comme
son père; il n'en eut que quatorze, et beaucoup
moururent en bas âge. En définitive, il lui resta
trois fils, tous trois horlogers : Isaac Rousseau, le
père de Jean-Jacques; — David II Rousseau, qui
fit peu parler de lui ; — André Rousseau, qui alla
en Hollande; — et trois filles [1], les tantes de Jean-

---

1. Notons une anecdote qui se rapporte à la première
enfance de Suzanne, la plus jeune d'entre elles :

Registre du Conseil de Genève, 11 septembre 1682. Sieur
David Rousseau, citoyen, appelé au sujet de ce qu'il tient
une servante papiste, a dit que c'était une nourrice de son
enfant, qu'elle achevait de nourrir. Sur ce, lui a été enjoint
de la congédier dans la huitaine.

Jacques, qui nous sont connues par les *Confessions* et la correspondance de Rousseau.

La mère de cette jeunesse encore nombreuse, malgré la mort de huit enfants, est une figure dont les traits demeurent dans l'ombre. Elle mourut à soixante ans. Comme la vie à Genève était toujours austère et monotone, les deuils ne tranchaient pas sur la manière de vivre habituelle, et on ne les considérait pas comme incompatibles avec le peu de divertissements qu'il était permis de prendre. Nous ne nous étonnerons donc point de voir David Rousseau, quelques mois après la mort de sa femme (14 avril 1705), donner de petites soirées dansantes. Le Consistoire en fut informé, et fit comparaître le vieil horloger.

Registre du Consistoire, 4 février 1706. A été rapporté par le spectable pasteur Turrettini l'aîné, que suivant la commission qui lui a été donnée de s'informer d'un bal qui avait été fait dans son quartier, il a appris que la veille de l'Escalade (11 décembre) et le jour de l'an, il y avait eu des bals chez le sieur Rousseau, occasion d'un sénateur de Chambéry, dont la femme avait souhaité de se réjouir, mais que ce n'était que des gens du parentage et du voisinage.

Opiné. A été dit que le dit Rousseau serait appelé.

Même registre, 11 février 1706. A comparu sieur David Rousseau, dizenier, appelé pour avoir permis qu'on fit des bals chez lui. Répondant, a dit qu'il est vrai que la veille de l'Escalade et le premier jour de l'an, ses enfants et ses petits-enfants s'étant rencontrés chez lui, ils se divertirent ensemble, dans la chambre d'un sénateur de Chambéry qui y demeure [1], et qu'il est vrai qu'on y dansa, et que ses enfants, qui jouent du violon, en jouèrent, mais nie qu'il y ait eu des étrangers qui en aient joué; avoue que le sieur Clément, qui est son proche parent, y vint aussi.

Opiné. A été dit que n'y ayant eu que ses plus proches, il doit être exhorté à ne pas donner lieu à aucun scandale.

Remarquons avec quel ménagement le Consistoire traite le père Rousseau (soixante-quatre ans). On ne le censure point, on lui adresse des exhortations seulement, on lui rappelle qu'on a l'œil sur lui comme sur tout le monde. C'est qu'en sa qualité de *dizenier*, David Rousseau avait quelque part à la considération qui s'attachait à tous les degrés, même les moindres, de la magistrature genevoise.

Dans la société étagée de Genève, une famille de la bourgeoisie n'avançait qu'à petits pas dans la voie des honneurs; il fallait monter lentement les degrés successifs par lesquels un petit nombre d'heureux s'élevaient jusqu'à entrer dans le

---

1. A ce moment, la Savoie était occupée par les troupes françaises, et quelques familles de ce pays étaient venues se réfugier à Genève.

« magnifique » Conseil des Deux-Cents. David
Rousseau avait une position assez bonne pour
pouvoir se permettre quelque ambition ; il n'eut
pas beaucoup à se louer de la faveur qu'il rencontra dans les hautes sphères. Cependant il reçut
d'abord quelques marques d'estime, et il put gravir
les premiers échelons : il fut nommé *maître juré
horloger*, et fut en cette qualité une espèce de
prudhomme, exerçant quelque surveillance sur
ses confrères. Un jour qu'il eut affaire à des individus récalcitrants, dans le village de Chancy, le
gouvernement le soutint avec fermeté, et mit en
prison celui qui lui avait tenu tête. Il fut aussi
dizenier : modestes fonctions qui lui permettaient
de continuer son métier, et qui faisaient de lui,
dans son quartier, un magistrat subalterne, une
espèce de juge de paix du dernier ordre. Les dizeniers étaient chargés de tenir un rôle des habitants de leur quartier, et de « veiller qu'il ne se
fasse nul désordre ni insolence, et que les bourgeois et habitants se gouvernent honnêtement
en leur ménage ».

Les dizeniers n'avaient pas toujours une tâche
aisée. En voici un exemple qui a un intérêt historique. On sait qu'au mois de juillet 1690, l'armée
irlandaise fut battue à la Boyne par le roi Guil-

laume III. Cette défaite scella pour des siècles la servitude de la pauvre Irlande ; mais ce qui faisait le malheur d'une noble race était un triomphe pour la cause protestante en Europe, et un échec pour la France [1] : le peuple de Genève exulta.

Registre du Conseil, 29 juillet 1690. Sur ce qui a été représenté par M. le syndic de la Garde qu'il y a eu cette nuit un vacarme et tintamarre épouvantable dans la plus grande partie de la ville, causé par de grands feux allumés dans les places de la Cité, Saint-Gervais, Fusterie et Molard, et aussi à la Coulouvrenière ; accompagnés de grands cris : « Vive le roi Guillaume ! » et d'un nombre infini de coups de fusil, et même de fauconneau.

Ce qu'ayant appris, *il se leva de son lit*, et s'en alla à la place d'armes de la Maison de ville, pour de là donner les ordres nécessaires, afin d'empêcher la suite de ce désordre : ce qu'il tâcha de faire autant qu'il lui fut possible ; ayant dit à MM. les Majors de monter dès aussitôt à cheval, et aller partout où besoin serait, outre divers détachements qu'il fit du corps de garde de la maison de ville : ce qui opéra qu'à la fin ce désordre se calma.

Comme M. le Résident (*de France*) pourrait croire que

---

1. « Les Genevois n'aiment pas la France », écrivait Voltaire à l'un de ses correspondants ; et à un autre : « Les Genevois ne sont bons Français qu'à dix pour cent ».

Jean-Jacques, au contraire, dans le temps de son exil en Angleterre, écrivait au marquis de Mirabeau : « J'aime la France ; je la regretterai toute ma vie ; si mon sort dépendait de moi, j'irais y finir mes jours ».

cette démonstration de joie publique n'a pas été faite sans notre approbation, il est à propos d'examiner ce qu'il y a à faire.

Opiné. A été dit que les nobles de la Rive et Sarasin aillent présentement chez M. le Résident pour lui témoigner notre surprise et notre chagrin de cette émotion, laquelle nous improuvons et condamnons entièrement ; — ce que les nobles susnommés ayant à l'instant exécuté, ils ont rapporté que le seigneur Résident les avait reçus d'un air froid, sérieux et triste, et n'avait voulu entrer dans aucun entretien ni examen de la chose ; s'étant contenté de dire que son devoir l'obligeait d'écrire au Roi ce qui s'était passé, et qu'il insérerait dans sa lettre la démarche que faisait le Conseil pour sa justification.

A été dit que l'on fasse appeler céans les dizeniers.

Même registre, 30 juillet 1690. Le sieur Soret, dizenier de Saint-Gervais, au devant de la maison duquel on a fait le premier feu, ayant été appelé pour en répondre, et censuré de sa négligence à l'empêcher, a été renvoyé jusqu'à plus ample information. Le sieur David Rousseau, dizenier à la Cité, où on a aussi allumé un grand feu : a été dit comme au précédent.

Assurément David Rousseau, dizenier, aurait dû se mettre en quatre pour empêcher ses voisins de pousser des cris de triomphe et de faire des feux de joie. Son quartier était le plus voisin de la demeure du résident de France, justement indisposé de voir se déployer ainsi une allégresse insultante. Était-il à propos d'offenser le roi Louis XIV

au moment où ses troupes allaient entrer en
Savoie (août 1690) et entourer pendant des années
la petite république sur tout le cercle de ses frontières? Le peuple de Genève préparait bien des
soucis à ses magistrats. C'était le devoir d'un
dizenier de se multiplier pour rappeler à la raison
la foule inconsidérée, et arrêter ses mouvements
fougueux. Mais que dirons-nous du Syndic de la
Garde, de ce chef militaire qui, au moment où le
peuple entre en effervescence et où il faut le
retenir, ne sait rien de ce qui se passe, et va se
mettre au lit? Et ce n'est pas à lui que le Conseil
adresse une censure, c'est au grand-père de Jean-
Jacques.

Cette anecdote est typique; elle nous fait toucher au doigt un fait qui dès lors, et pendant
cent cinquante ans, domine l'histoire intérieure
de Genève : les magistrats ne comprennent plus
le peuple; ils ne se doutent pas de ce qui se prépare chez lui.

Au mois de juin 1762, après avoir flétri l'*Émile*
et le *Contrat social*, les syndics et membres
du Conseil allèrent se coucher, avec la même
tranquillité d'esprit que leur prédécesseur de
1690. Quand ils se réveillèrent, ils furent tout
surpris, comme le dit l'un d'eux, de voir qu'un

nuage épais s'était élevé de la cendre seule d'un livre [1].

David Rousseau remplit pendant vingt ans les fonctions de dizenier; mais, dans les troubles de 1707, ayant montré quelque faiblesse pour les séditieux, il fut destitué. Deux de ses frères, en différents temps, avaient été admonestés pour avoir tenu des propos qui avaient déplu au gouvernement. La famille Rousseau, sans qu'elle ait jamais joué de rôle actif en politique, était classée dans l'opposition, ce qui ne pouvait que nuire à son avancement.

Une autre cause agissait dans le même sens. Bien que nous n'ayons pas sur ce point de renseignements précis, certains indices que nous pouvons recueillir paraissent établir que David Rousseau n'a pas su s'enrichir, comme l'avait fait son père. Il semble même que, vers la fin de sa vie, il ait été dans quelque gêne, puisqu'il n'était pas en mesure de payer à tous ses enfants la part d'héritage qui leur revenait du chef de leur mère. Les difficultés pécuniaires qui accompagnèrent Jean-Jacques pendant toute sa vie, et qui avaient jeté une grande ombre sur la carrière de son

1. Tronchin. *Lettres écrites de la campagne.* p. 155.

père Isaac, commencèrent donc, pour cette branche de la famille Rousseau, avant la naissance même de celui en vue duquel nous étudions son histoire.

Ne négligeons pas une dernière remarque. Les enfants de Suzanne Cartier avaient le goût de la musique. Isaac Rousseau savait jouer du violon, puisqu'il a été maître de danse. Nous venons de voir ses frères David et André — à un moment où lui-même avait quitté le pays — jouer du violon chez leur père. Jean-Jacques parle des chansons de sa tante Suzanne, tandis que sa tante Théodora « aimait chanter des psaumes ». Tout cela concorde, et nous fait voir que cet intérieur de famille était comme une espèce d'îlot musical, au milieu d'une ville où le goût des beaux-arts ne faisait encore que poindre [1]. Dans cette maison même, point de hautes visées, ni de prétentions au grand art. On chantait pour son plaisir; en étudiant la musique, on en restait aux éléments. Des voix fraîches et justes, quelques accords d'un instrument que maniait un

---

1. « Il est certain que le climat de Genève n'est point favorable à la voix, et que le goût du chant n'y est pas si commun qu'ailleurs. » (Jacob Vernet, *Lettres critiques d'un voyageur anglais*, 1766.)

amateur : rien de plus. Des simples mélodies, que sa tante modulait négligemment, et qui n'étaient pour elle qu'un gracieux passe-temps, ont bercé l'enfance de Jean-Jacques, et lui ont appris à aimer les plaisirs de la musique et du chant.

Le moment serait venu de descendre encore d'une génération, et de passer à Isaac Rousseau; mais la vie de celui-ci est intimement liée à celle de sa femme Suzanne Bernard; et la famille Bernard étant la famille maternelle de Jean-Jacques Rousseau, il y a lieu aussi de jeter un regard sur elle, et de nous rendre compte de son origine, des traits qui la distinguent, et de ce qui peut remonter à elle dans le caractère et la nature morale du philosophe genevois.

CHAPITRE V

La famille Bernard, originaire d'Arare — un
des villages de la plaine verdoyante qui s'étend
au pied du Salève, — avait été reçue à la bourgeoisie de Genève en 1596. Samuel Bernard, né
l'année suivante, filleul d'un riche marchand drapier, ayant perdu son père de bonne heure, fut
élevé par son parrain, qui le prit pour commis.
Le jeune homme réussit à plaire à l'une des filles
de la maison, il obtint sa main, devenant ainsi le
gendre et l'associé de son patron. Cette belle
alliance fut un coup de fortune, qui plaçait ce
petit-fils de paysans dans la plus haute bourgeoisie genevoise, opulente et lettrée. Ses oncles
étaient Noble Claude de Griffon, seigneur de

Veynes, et Spectable Gaspard Laurent, professeur de grec à l'Académie. Il avait pour beaux-frères deux autres professeurs, l'helléniste Étienne Le Clerc, qui fut plus tard membre du Conseil, et l'hébraïsant David Le Clerc [1]; et sa belle-sœur épousa un syndic, Noble Isaac Fabri, seigneur d'Aire-la-Ville. Samuel Bernard paraît avoir été lui-même un homme de mérite; on remarque dans l'inventaire de ses biens une bibliothèque bien choisie, la plus riche peut-être que possédât alors un négociant à Genève : histoire, théologie, poésie; des romans : *Amadis de Gaule*, *l'Astrée*. L'aîné de ses enfants, qui fut pasteur, était aussi, au dire de Rousseau, un homme de goût, d'esprit et de savoir. De ce côté de son ascendance, l'écrivain genevois avait de qui tenir.

Samuel Bernard, qui mourut trop tôt, laissait plusieurs jeunes enfants : entre autres, Jacques, un garçon de trois ans. L'éducation de cet orphelin alla sans doute un peu à l'aventure, il devint

---

1. On peut lire sur eux les notices écrites par Senebier, dans le goût sentimental de son temps; il y traduit, en les abrégeant, celles que le célèbre Jean Le Clerc, leur fils et leur neveu, a placées en tête d'un recueil de leurs œuvres latines : *Quæstiones sacræ*, Amsterdam, 1685. Jean Le Clerc a publié aussi des *Orationes et Poemata* de David Le Clerc, Amsterdam, 1687; on y remarque les *Laudes Genevæ*, jolie description du pays et du lac, et les *Raporum sabaudicorum laudes*.

un mauvais sujet; et c'est lui, malheureusement,
qui fut le grand-père de Rousseau.

« Tu ne paillarderas point », dit un des Dix
Commandements, dans la vieille traduction protestante de la Bible. Pendant deux ou trois ans,
pasteurs et parents, sages amis, anciens du Consistoire et magistrats du Conseil, tous ceux qui
pouvaient avoir sur le jeune homme quelque
salutaire influence, furent occupés à lui rappeler
que, dans la république de Genève, ce commandement était de droit civil et pénal, en même
temps que de droit divin. Amendes, prison, rien
ne lui fut épargné. A quatre reprises, devant le
Consistoire et devant le Conseil, il dut se mettre
à genoux, reconnaître ses fautes et demander
pardon; il se relevait, et n'était point corrigé.

Les registres des corps devant lesquels il fut
appelé à comparaître, des mémoires, des suppli-
ques, des confrontations, les interrogatoires que
subirent et lui-même et celles qui s'étaient abandonnées à lui, nous renseignent plus qu'on ne
voudrait sur tous les détails de sa vie désordon-
née. Il avait vingt ans quand il écrivit le récit
qu'on va lire. Les autres pièces du procès le complètent sans le contredire, comme on le verra par
les notes dont je l'ai accompagné.

Il y eut dimanche sept semaines que me promenant, environ la retraite, sur le pont du Rhône; accompagné de Jean Mutin et quelques autres, nous rencontrâmes au bout du dit pont, vers la Monnaie, Jeanne Y... et Sara sa sœur, avec une autre sienne cousine, étant assez connues d'un chacun. Le dit Jean Mutin leur demanda où elles allaient? Elles répondirent assez hardiment et effrontément qu'elles cherchaient des galants. Sur quoi, le dit Mutin me dit : « Bernard, vois-tu ci une maîtresse? » Ce qui fit que je quittai la compagnie pour m'attacher à celle-ci (qui quitta aussi sa sœur et sa cousine) avec qui toute seule je me promenai, jusqu'à onze heures : pendant lequel temps je remarquai qu'elle était assez facile.

Le lendemain, à semblable heure de la retraite, allant faire un message à Longemalle, je rencontrai inopinément sa sœur Sara, qui me demanda où j'allais? A laquelle je répondis que j'allais chercher mes camarades; et au retour je les rencontrai toutes deux, qu'elles m'attendaient en repassant, et m'ayant arrêté, nous nous promenâmes comme le soir précédent; le suivant, elle me donna des libertés bien plus grandes, et pour fuir la vue des passants, me mena dans l'escalier; et continuâmes ces privautés et promenades trois semaines durant [1] : ce que les voisins apercevant, le bruit en fut aussitôt semé, et quelques-uns de mes amis me dirent qu'elles ne manqueraient de m'attraper. A cet avertissement charitable, je me résolus de ne les plus voir et fuir leur compagnie.

Mais un soir, ne m'étant pu empêcher de passer devant un lieu où elles avaient accoutumé de m'attendre, et

---

1. Jeanne raconte qu'elle le rencontrait après souper, en sortant des maisons où elle travaillait de son métier.

m'ayant arrêté, je leur protestai que je n'avais plus dessein de les voir, et lui dis adieu. Cette parole la surprit tellement qu'elle fut tout interdite, et ne me sut répondre qu'un peu après, avec les larmes aux yeux, qu'elle me dit : quel sujet elle m'avait jamais donné pour me résoudre à cette séparation? que c'étaient sans doute ses envieux qui m'avaient soufflé aux oreilles ; et quand elle vit que je persistais en ma résolution, elle me retint comme par force avec elle sur l'escalier, jusqu'à une heure après minuit, où je lui dis adieu.

Je demeurai donc huit jours sans la voir, quoiqu'elle m'attendît toujours au lieu accoutumé, voire jusqu'à onze heures et minuit, comme je l'ai vu moi-même en me promenant sans l'aborder. Ce que voyant, elle en fut si triste qu'elle en devint malade, comme du depuis elle-même me l'a avoué.

Et huit jours après, le dit Mutin, l'ayant rencontrée sous le couvert des halles, me dit : « Bernard, j'ai vu ta maîtresse si défaite de visage qu'elle ne ressemble qu'à un mort. Elle est sans doute malade de regret de ce que tu ne la vas plus voir. »

Le lendemain, passant par la rue, je vis sa sœur qui me dit si je ne la voulais point venir voir. Je montai là-haut, où je lui demandai d'où venait ce changement de visage si pâle, et d'où procédait son mal? A quoi elle ne se put tenir de répondre que j'en étais la seule cause. Sur quoi je repartis que j'en étais bien fâché, et que puisque mon absence lui avait causé ce mal, je la verrais plus souvent. En effet, le soir, je la trouvai au lieu accoutumé, et demeurai avec elle assez tard, et le lendemain de même; et me permit toutes sortes de privautés qui ne sont communes qu'à des filles de sa sorte. Me voyant en si grande licence, je lui demandai sa compagnie : à quoi elle ne répondit autre chose, sinon qu'elle me l'accorderait pourvu que je lui fisse promesse de l'épouser dès le dimanche[1].

Les choses demeurèrent en cet état jusqu'au samedi suivant, au soir, qu'elle me vint chercher au Molard pour me prier de lui faire compagnie à Malagnou, où elle voulait aller le lendemain rendre visite à une sienne commère. Et par les chemins, me pressa extraordinairement pour lui faire cette promesse : à quoi ma jeunesse et l'espérance qu'elle m'avait donnée, me firent consentir. Et le même jour, sans aucun refus, m'accorda aussi la sienne sur l'escalier de son habitation, où nous continuâmes six jours durant.

Ayant donc vu que j'étais enlacé, la Sara sa sœur, sachant tout notre trafic, me vint trouver le samedi de grand matin, comme je dormais encore profondément, et me dit que tout était prêt pour aller à la montagne[2], et me mena dans leur maison où ils m'enfermèrent[3], et me dirent que je ne sortirais pas que je ne satisfisse

---

1. Bernard passe ici comme chat sur braise sur un point délicat ; l'entretien ne fut pas si laconique qu'il le laisse entendre ; les interrogatoires établissent que Jeanne lui a représenté qu'elle n'était pas de sa condition ; que ses parents ne donneraient pas les mains au mariage dont il lui parlait. A quoi il repartit — c'est lui-même qui le dit au magistrat — « que croyant qu'elle était une brave fille, il ne se souciait pas qu'elle fût riche ou pauvre ; que ses parents y consentiraient assez ».

Jacques Bernard était un simple compagnon horloger ; mais sa parenté, sur l'échelle sociale, était placée plus haut que celle de Jeanne.

2. On voit qu'une promenade au Salève était alors comme aujourd'hui, une partie de plaisir que faisaient volontiers les Genevois.

3. Bernard avoue dans son interrogatoire avoir pris un repas dans l'appartement où il s'était laissé enfermer par la sœur de Jeanne.

à ma promesse; et s'en allèrent appeler M. Dufour le ministre pour signer nos annonces (*de mariage*) lequel le refusa, jusqu'à ce que (*nous dirions : refusa de le faire avant que*) M. le premier Syndic les eût signées.

Bernard avait trempé sa plume dans quelques gouttes de son propre sang, pour signer sa promesse de mariage. C'était une mode de l'ancien temps. Voiture y fait allusion dans une de ses poésies : *Stances écrites de la main gauche :*

Et quand, du pur sang de mes veines,
Je vous écrirais mon amour....

Une lettre de Jean-Jacques Rousseau à son ami Deleyre est plus topique encore; et, vraiment, c'est à la lettre qu'elle s'applique au cas de son grand-père : « Vous avez fait une promesse de mariage? Cher Deleyre, vous avez fait une sottise; car si vous continuez d'aimer, la promesse est superflue; si vous cessez, elle peut vous donner de grands embarras. Mais peut-être cette promesse a-t-elle été payée comptant? en ce cas je n'ai plus rien à dire. Vous l'avez signée de votre sang? Cela est presque tragique; mais je ne sais si le choix de l'encre dont on écrit fait quelque chose à la foi de celui qui signe. » Le philosophe de Genève ne disait que trop vrai; la pauvre Jeanne l'éprouva bien vite.

Une fois le magistrat averti, et l'affaire ébruitée, la loi genevoise voulait que Jeanne et Bernard entrassent en prison. Malheureusement les portes intérieures n'étaient pas assez bien fermées ; les allées et venues, d'une chambre à l'autre, étaient faciles ; si bien que dans la prison même, les deux jeunes gens purent se voir de trop près. On le sut, et on les châtia en les faisant vivre de pain et d'eau pendant neuf jours.

Cette dernière faute mit à néant toutes les espérances que Jeanne pouvait fonder sur l'appui que l'autorité accordait quelquefois à des jeunes filles qu'elle en jugeait dignes. Le conseil déclara nulle et de nulle valeur la promesse de mariage que Bernard avait faite ; et il les libéra tous deux après qu'ils eurent fait amende honorable, genoux en terre. Dans les mois qui suivirent, ils continuaient cependant à se voir, jusqu'au moment où Jacques Bernard eut une nouvelle liaison, qui lui procura aussi quelques plaisirs, et quelques ennuis.

C'est au printemps de l'année suivante que notre jeune homme entra une seconde fois en campagne. J'avoue que sa nouvelle conquête, Anne Z..., me plaît beaucoup moins que la première, et je passerai vite sur son aventure.

A vrai dire, nous autres qui ne pouvons que

feuilleter des papiers jaunis, nous n'avons pas vu ces visages d'autrefois; et les âmes qui luisaient dans ces yeux, les cœurs qui palpitaient sous ces seins, nous n'avons, pour en juger, que quelques réponses notées par la plume d'un greffier. Mais enfin, parmi les détails enregistrés dans ces vieux papiers, il y en a qui frappent comme un éclair, ou qui séduisent comme un regard; il y en a d'autres qui sont comme des bouffées de mauvais air. Après un examen attentif et soigneux de tous les documents, une impression se dégage, et je la donne pour ce qu'elle vaut.

Jacques Bernard fut condamné à se charger de l'enfant : car cette fois il y eut un enfant. Il dut aussi payer au fisc deux cents écus pour cette récidive : il s'était tiré d'affaire la première fois avec une amende de soixante florins [1].

1. Le lecteur tiendra peut-être à savoir ce que sont devenues ces deux pauvres filles que Jacques Bernard a abandonnées. Jeanne Y... fit une bonne fin; et dans son testament, « détenue au lit de maladie, elle recommande son âme à Dieu son créateur... très humblement... et le prie qu'il lui plaise de lui faire la grâce de parachever le reste de sa vie en sa crainte; et lorsque ce sera son bon plaisir l'appeler à soi, il lui plaise, en lui pardonnant toutes ses fautes et offenses, retirer son âme en son saint paradis ».

Quant à Anne Z... elle vécut pauvre, dans une masure de la rue du Temple, qui un jour s'écroula sur elle; elle périt en même temps que quelques voisines, suffoquée sous les décombres.

A vingt-trois ans, il fit une fin ; il épousa, le 29 juillet 1672, Anne-Marie Machard, fille d'un homme de loi.

Il était d'usage à Genève que les jeunes mariées fissent leur testament pendant leur première grossesse. La mort pouvait être pour elles la suite des couches ; et la loi leur permettant de disposer de la moitié de leur dot, elles ne négligeaient guère de se servir de ce droit. Anne-Marie fit donc son testament trois semaines avant la naissance de sa fille Suzanne, la mère de Jean-Jacques Rousseau, laquelle vint au monde le 6 février 1673. Dans cet acte,

Considérant, dit-elle, l'étroite amitié qu'il y a entre elle et le sieur Jacques Bernard, son très cher et bien aimé mari, et les bons et agréables services qu'elle a reçus de lui, dès leur mariage, elle lègue au dit sieur Bernard la moitié de ses biens ; et au cas qu'il plût à Dieu qu'elle accouche heureusement du fruit dont elle est enceinte, et que les enfants qu'il plaira à Dieu de lui donner lui survécussent, elle lègue audit sieur Bernard la jouissance et usufruit de la moitié de ses biens.

Nous notons avec plaisir ce bon témoignage rendu au jeune mari, par une femme qui avait été trop faible avec lui : on a pu voir que les dates l'établissent. L'union conjugale paraît avoir duré ;

quatre enfants naquirent successivement. Mais Jacques Bernard mourut à trente-trois ans : il s'était épuisé de bonne heure.

Voilà un grand-père qui donne à penser : Que sera le petit-fils? Les ombres de nos ancêtres, invisibles et présentes à notre naissance, sont les véritables fées qui s'assemblent autour des berceaux et qui nous jettent des dons heureux ou funestes, présages de nos destinées. Jean-Jacques Rousseau, qui est né trente ans après la mort de Jacques Bernard, et qui n'a jamais entendu parler de lui, a sans doute hérité, de cet aïeul peu vénérable, une de ses préoccupations les plus constantes, celle qui lui faisait dire aux derniers temps de sa jeunesse, dans les belles allées de Chenonceaux :

> Une langueur enchanteresse
> Me poursuit jusqu'en ce séjour.
> J'y veux moraliser sans cesse,
> Et toujours j'y songe à l'amour.
> Pourquoi, de ces penchants aimables,
> Le ciel nous fait-il un tourment?

Mais ce n'était chez le grand-père qu'une naïve et persévérante nudité de conduite, qui faisait de lui un « fornicateur » du même acabit que ce Robert Covelle dont Voltaire s'est amusé cent ans plus tard; tandis que chez le petit-fils, ce trait de

caractère s'est combiné avec une nature timide et
rêveuse, avec une carrière vagabonde, illuminée
à la fin par la gloire : l'auteur des *Confessions* ne
nous a rien caché de ce qui est sorti de là.

Tout n'était pas mauvais d'ailleurs, Dieu merci,
dans l'héritage moral que Jean-Jacques tenait de
la famille Bernard. Son bisaïeul, le sage négociant Samuel, avait pu lui transmettre les vertus
d'un bon commis, celles qu'il montra par exemple,
en s'acquittant bien du travail de bureau dont il
fut chargé en 1743 par l'ambassadeur de France à
Venise.

Le pasteur Bernard, après la mort prématurée
de son frère Jacques, se fit un plaisir de donner
des leçons à sa nièce Suzanne; et la mère de
Rousseau, grâce à lui, fut une personne d'une
éducation distinguée. « Elle dessinait, dit Rousseau (dans un passage que quelques éditions des
Confessions ont laissé de côté), elle chantait, elle
s'accompagnait du théorbe; elle avait de la lecture et faisait des vers. »

CHAPITRE VI

SUZANNE BERNARD

Nous avons suivi la chaîne des générations, et nous voilà arrivés enfin à la mère et au père de Jean-Jacques. Les pages rayonnantes des *Confessions* vont éclairer maintenant et colorer les dossiers de pièces d'archives et les extraits des vieux régistres que nous continuerons à compulser et à dépouiller : car nous en aurons besoin pour compléter les récits de Rousseau, et pour rectifier le narré des événements qu'il n'a sus que par ouï-dire, ou qui se sont brouillés dans ses souvenirs lointains et confus.

Rousseau n'a pas connu sa mère, qui mourut huit jours après être accouchée de lui ; mais son père lui a beaucoup parlé d'elle. Les charmants souvenirs qu'évoquait Isaac Rousseau, en s'entretenant avec son fils de la femme qu'il avait aimée et perdue, nous les retrouvons dans les *Confessions* : « Ma mère avait de la sagesse et de la beauté. Ce n'est pas sans peine que mon père l'avait obtenue. Leurs amours avaient commencé presque avec leur vie : dès l'âge de huit à neuf ans, ils se promenaient ensemble tous les soirs sur la Treille ; à dix ans ils ne pouvaient plus se quitter.... Chacun d'eux jeta son cœur dans le premier qui s'ouvrit pour le recevoir. » Je veux bien qu'Isaac Rousseau et Suzanne Bernard se soient aimés aux premiers jours de leur adolescence ; mais le fait est qu'ils étaient l'un et l'autre dans leur trente-deuxième année, quand ils se marièrent.

Nous n'avons pas le portrait de Suzanne Bernard. Elle était jolie sans doute, et savait plaire. Le résident de France à Genève, M. de la Closure, l'avait remarquée ; longtemps après il se souvenait d'elle, et il en parlait à Jean-Jacques. Le Consistoire, de son côté, la suivait aussi du regard ; il était offusqué de ce qu'étant jeune fille, elle recevait les visites de M. Vincent Sarasin, un homme de trente-six ans, père de deux enfants [1]; il avait fait un riche mariage, et appartenait à une des familles de l'aristocratie genevoise.

Il n'y a pas lieu de s'égarer ici en des soupçons qui seraient tout à fait sans fondement. Le registre du Consistoire, qui revient sur cette affaire à maintes et maintes reprises, ne parle de rien autre que de simples visites, quand tout à côté, sans fausse pruderie, il met rondement les points sur les *i* pour des fautes autrement graves dont tels ou telles étaient coupables. Il n'était pas admis à Genève qu'un homme marié se permît de compromettre une jeune fille en allant lui rendre visite; et quand les exhortations privées des pasteurs ne suffisaient pas à empêcher ce commerce, le Consistoire intervenait, et il était obéi. Voilà tout. Nous allons suivre pas à pas le déroulement

---

1. Le cadet, Jean Sarasin, pasteur à Genève, fut un des membres de la commission consistoriale devant laquelle Rousseau comparut en 1754, quand il voulut rentrer dans l'église protestante.

Après la *Lettre à d'Alembert sur les spectacles*, Jean Sarasin écrivit à Rousseau pour le féliciter : « Je relirai souvent votre lettre, lui répondit Jean-Jacques, pour y méditer, sous la forme d'éloges, les leçons de mon devoir. Que ne suis-je à portée de l'apprendre quelquefois dans vos éloquents sermons, tels que celui *Sur le citoyen*, que j'eus le bonheur d'entendre il y a quatre ans, et que je n'oublierai de ma vie! »

de cette affaire, en n'omettant rien que des détails de procédure.

Registre du Consistoire, 13 juin 1695. A été représenté que M. Vincent Sarasin continue à voir Mlle Bernard, nonobstant de réitérées exhortations et remontrances qui lui ont été faites pour s'abstenir absolument de la voir et avoir un commerce avec elle.

Avisé de les appeler, avec Mme Bernard la mère.

Registre du Consistoire, 27 juin. A été représenté par M. le Modérateur (*le pasteur Sarasin, parent éloigné de Vincent*) que M. Vincent Sarasin l'était venu voir pour lui dire qu'il était surpris qu'il soit appelé au Consistoire au sujet de la demoiselle Bernard, après la représentation qu'il avait faite à M. le pasteur Gaudy, précédent Modérateur [1] : lui ayant dit *que son dessein était d'abandonner ce commerce, qu'il y renoncerait*, et qu'il requérait de le libérer dudit appel; et dans la suite, en lui témoignant qu'il était bien disposé de satisfaire en cela à la volonté de cette vénérable Compagnie, *sans lui promettre absolument qu'il quitterait entièrement ledit commerce* [2], et qu'il ne la verrait plus; mais qu'il tâcherait de contenter en cela le Consistoire.

Sur quoi, après avoir ouï le rapport de M. le pasteur Bernard, pour obtenir de même la libération de l'appel de madame sa belle-sœur et de la demoiselle Bernard,

1. Le Modérateur présidait le Consistoire et la Compagnie des pasteurs. Une rotation était établie, qui appelait chaque semaine un des pasteurs de la ville à remplir pour huit jours les fonctions de Modérateur.

2. Le secrétaire du Consistoire, dans son procès-verbal, reproduit scrupuleusement les explications hésitantes et contradictoires de son collègue.

sa nièce, a été avisé, nonobstant la représentation de M. Bernard, de demeurer audit appel, et le continuer pour tous trois à jeudi prochain.

Registre du Consistoire, 11 juillet. A été représenté par M. le Modérateur que M. Vincent Sarasin et la dame Bernard l'étaient venus voir pour le prier, l'une et l'autre partie, de pouvoir être dispensés de comparoir céans [1] et de les faire libérer de l'appel, promettant l'une et l'autre de ne se plus voir ni fréquenter, directement ni indirectement.

Avisé, attendu la promesse que M. Vincent Sarasin et les dames Bernard ont faite à M. le Modérateur, on suspend leur appel; et au cas qu'on apprenne que contre leur dite promesse ils se revoient et fréquentent, ils seront rappelés sans en délibérer davantage; et M. le pasteur du quartier, chargé de leur prononcer l'avis du Consistoire.

Registre du Consistoire, 18 juillet. A été représenté qu'on aurait vu au Molard, proche le théâtre sur lequel ces opérateurs vendent leurs drogues et jouent leurs farces et comédies [2], la demoiselle Bernard, travestie en homme ou en paysanne.

---

1. On comprend cette répugnance des dames Bernard et de M. Sarasin à paraître en Consistoire. Cette comparution avait quelque chose de pénible. Il était désagréable de s'entendre admonester en présence de vingt ou trente personnes, pasteurs ou *Anciens*. C'est un sentiment que Jean-Jacques a exprimé vivement dans sa lettre du 8 août 1765, adressée à M. Du Peyrou : « Ignorait-il (*M. de Montmollin, pasteur de Moliers*) que paraître même en Consistoire est une peine ignominieuse, un affront cruel pour un homme de mon âge, surtout dans un village où l'on ne connaît d'autres matières consistoriales que des admonitions sur les mœurs? »

2. On s'étonne que les baladins qui donnaient ce divertissement au public genevois eussent réussi à obtenir à cet

Avisé de s'informer de la vérité de ce fait, et rapporter dans la huitaine.

Registre du Consistoire, 25 juillet. A été représenté que le rapport fait il y a huit jours, concernant le travestissement de la demoiselle Bernard au Molard, pour voir jouer la comédie, était véritable : s'y étant bien trouvée travestie en paysanne.

Avisé que M. le Modérateur la fera appeler pour l'en censurer.

Registre du Consistoire, 1er août. A été représenté par M. l'Ancien Pictet que s'étant exactement informé suivant sa commission, concernant le travestissement par la demoiselle Bernard, pour voir la comédie au Molard, il aurait appris par gens dignes de foi, que, nonobstant ses négatives, elle en était suffisamment convaincue, y ayant divers témoins, gens d'honneur, qui l'ont vue et lui en ont dit les particularités. Il est bien vrai qu'elle y revint le même jour avec ses habits ordinaires, ayant même dit à ces personnes qui lui parlèrent touchant son travestissement, qu'elle l'avait fait pour n'être pas

effet l'autorisation du gouvernement. Toujours est-il que le Consistoire, mécontent au plus haut degré, envoya des députés au Conseil, pour faire « une forte et sérieuse remontrance sur la permission donnée aux frères Lescot, médecins spagiriques (*c'est-à-dire débitant des remèdes chimiques*), de dresser un théâtre pour y vendre leurs remèdes; et comme il leur a été aussi permis d'avoir sur ledit théâtre des violons, d'y danser et d'y faire quelques représentations, le vénérable Consistoire n'a pu apprendre la chose sans gémir, dans la juste douleur qu'il a de voir que cette ville qui jusqu'à présent avait été intacte du côté de la mômerie, de la comédie et de la balade, s'y soit laissée entraîner. Sur quoi ayant été opiné, il a été dit qu'en tant que lesdits frères Lescot et leurs gens ne commettront sur leur théâtre aucune indécence, ni de parole ni de fait, ni par postures ni par gestes, on demeure à la permission à eux donnée. »

connue de M. Sarasin, ayant même offert qu'on en fît l'information, et n'avait point voulu comparoir par devant M. le Modérateur qui l'avait fait appeler, suivant l'ordre de cette vénérable Compagnie.

Avisé de l'appeler.

A été représenté que M. Vincent Sarasin s'en était allé, un jour de cette semaine, chercher la demoiselle Bernard, en leur jardin, et qu'ayant trouvé la porte fermée, il rompit la haie du jardin voisin, faisant une ouverture pour y pouvoir entrer [1], et y ayant trouvé M. le pasteur Bernard, celui-ci l'obligea de se retirer par le même endroit qu'il y était entré; et étant retourné peu de temps après, et frappé à la porte, croyant qu'elle y était bien : ce qu'il fit à deux diverses fois, nonobstant la promesse par lui faite de ne plus la voir ni fréquenter.

Avisé de l'appeler.

Registre du Consistoire, 8 août. A été représenté par M. le Modérateur que M. Vincent Sarasin le serait venu voir pour lui dire qu'il était surpris qu'on l'eût appelé au Consistoire pour être entré dans le jardin de M. le pasteur Bernard : ce qui lui était arrivé parce qu'étant en marché d'acheter le jardin joignant celui dudit spectable Bernard, et l'étant allé visiter en dedans et en dehors, tant le jardin que la maison où il y avait des réparations à faire, il serait entré pour ce sujet au jardin de M. Bernard, dans lequel, y ayant rencontré ledit spectable pasteur Bernard, il lui dit d'abord le sujet pour lequel il y était entré, et que ce n'était point pour y voir Mlle Bernard, sa nièce, qu'il savait bien n'y

---

1. Cela rappelle une scène du joli roman de Charles de Bernard : *Un homme sérieux*, où le héros, qui apparaît aussi à travers le feuillage, est comme ici repoussé avec perte.

être pas; — et partant, requiert le vouloir libérer dudit appel.

Avisé de continuer à l'appeler.

A été représenté encore par M. le Modérateur que les dames Bernard, mère et fille, l'étaient venu voir, pour le prier de représenter à cette vénérable Compagnie, de leur part, que le rapport qui a été fait contre la demoiselle Bernard, qui a causé son appel céans, n'est point véritable, et que celui qui l'a fait n'oserait le soutenir, puisqu'elle n'a jamais paru au Molard, travestie pour la comédie, y étant allée avec ses habits ordinaires, ainsi qu'elle peut le justifier.

Avisé, attendu qu'elle a été appelée pour son mensonge et désobéissance, de continuer à l'appeler.

Registre du Consistoire, 15 août. A été représenté par M. le Modérateur que Mlle Bernard lui avait dit qu'étant appelée au Consistoire, elle lui déclarait qu'elle ne comparaîtrait point, qu'on ne lui nomme les accusateurs du rapport fait contre elle, qui a causé son appel, pour n'être véritable, ainsi qu'elle le soutient par serment.

Avisé, après avoir ouï la représentation de M. le pasteur Bernard, faite sur ledit appel de sa nièce, que nonobstant les raisons alléguées par ledit spectable pasteur pour l'en exempter, on demeurera audit appel.

Registre du Consistoire, 22 août. A été fait lecture d'un mémoire produit par M. le pasteur Bernard, de la part de la demoiselle Bernard, sa nièce, au sujet de son appel céans, par lequel elle représente les raisons qu'elle avait de n'avoir pas comparu aujourd'hui.

Avisé, attendu sa rébellion et désobéissance, d'en faire renvoi (*au Conseil*).

Registre du Conseil, 23 août. Vu le renvoi du vénérable Consistoire, du jour d'hier, contre la demoiselle Suzanne Bernard, portant qu'ayant été appelée par devant ledit vénérable Consistoire, à diverses fois, elle ne daignait y comparoir : a été dit qu'elle soit appelée sur-le-champ pour l'ouïr sur son refus; et étant sur ce ouïe, lui a été ordonné de s'y présenter jeudi prochain.

Registre du Consistoire, 27 août. A comparu demoiselle Suzanne Bernard, appelée pour son mensonge, d'avoir nié d'avoir été, travestie, au Molard pour voir la comédie; et pour sa désobéissance, ayant été contrainte de comparoir par autorité du Conseil. Laquelle a nié formellement ledit travestissement, n'y ayant été que dans ses vêtements ordinaires, lui étant fait tort par cette accusation; que ses accusateurs, lui étant confrontés, ne pourraient le lui soutenir.

Avisé, nonobstant sa négative, qu'on est très bien informé de la vérité dudit travestissement, de quoi on l'en censure grièvement, et de sa désobéissance, de n'avoir voulu comparoir que contrainte par l'autorité du Conseil, en l'exhortant sérieusement de n'avoir plus aucun commerce avec M. Vincent Sarasin.

Ce sont là tous les documents qu'on peut recueillir aujourd'hui sur ce procès.. Nous ne sommes guère en mesure de le reviser. Je ne sais si quelque galant lecteur voudra croire aux dénégations de Suzanne. Le Consistoire paraît bien sûr de son fait. Admettons donc que la jeune fille se soit déguisée en paysanne pour aller voir les farces qu'on jouait sur un petit théâtre. Ce travestissement était une espièglerie, que sans doute la nièce d'un pasteur ne devait pas se permettre;

aussi est-il tout simple, étant données les mœurs
genevoises du bon vieux temps, que le président
du Consistoire la mandât chez lui pour la mori-
géner. Elle eut le tort de se refuser à comparaître : mutinerie maladroite, dont elle fut sévèrement punie, puisqu'elle fut appelée alors à recevoir
en plein Consistoire la remontrance qui lui était
due. Le nouveau refus qu'elle fit encore, aggrava
la situation de la jeune rebelle. L'huissier du Conseil vint la chercher chez elle ; il fallut le suivre à
l'heure même, et se présenter à l'Hôtel de ville
devant MM. les syndics et conseillers, qui lui inti-
mèrent l'ordre d'aller recevoir de MM. les pasteurs
et anciens les réprimandes qu'elle avait méritées.
Il fallut obéir.

Quant aux assiduités de M. Vincent Sarasin,
Suzanne eût pu dire au Consistoire, comme
Célimène à Alceste :

Puis-je empêcher les gens de me trouver aimable?
Et lorsque pour me voir ils font de doux efforts,
Dois-je prendre un bâton pour les mettre dehors?

Mais cette fréquentation faisait tort à une
demoiselle à marier. L'autorité consistoriale, en
y mettant un terme, se comportait paternellement;
la surveillance tutélaire qu'elle exerçait avec fer-

meté méritait des louanges, que sans doute elle n'obtint pas de notre jeune étourdie, mais que nous autres, impartiale postérité, nous lui accordons volontiers.

Le modérateur du Consistoire avait censuré Suzanne : c'était bien; mais ce n'était pas tout. Restait M. Vincent Sarasin; il fallut plusieurs mois pour le réduire; ce fut un siège en règle, qui se termina par une capitulation.

Registre du Conseil, 31 août 1695. Noble Vincent Sarasin, appelé céans sur renvoi du vénérable Consistoire, plaintif de ce que, nonobstant qu'il y ait été cité, il ne daigne y comparoir, ledit noble Sarasin ayant comparu, et représenté que le sujet pour lequel il a été appelé par devant ledit vénérable Consistoire, à savoir pour avoir vu la demoiselle Suzanne Bernard, dès [1] la promesse par lui faite de renoncer à tout commerce avec elle, n'est pas véritable, puisqu'il n'a dès lors absolument point vu, du moins parlé à ladite demoiselle; requérant partant d'être dispensé de se présenter audit vénérable Consistoire.

Sur quoi opiné, lui a été enjoint d'y aller jeudi prochain.

Registre du Consistoire, 3 octobre A été représenté que M. Vincent Sarasin, appelé céans, n'y veut point comparoir, nonobstant les divers renvois faits au Conseil pour y être contraint par son autorité.

---

1. Dans le parler genevois. aujourd'hui encore. *dès* a le sens de *depuis, après.*

Sur quoi, a été représenté qu'il a un nouveau commerce avec une demoiselle de Saint-Maurice, réfugiée, qui demeure chez le sieur Légaré, qu'il fréquente et voit à l'ordinaire.

Avisé, attendu sa rébellion et désobéissance, de lui défendre par M. le pasteur du quartier, la Sainte-Cène indéfiniment, jusqu'à ce qu'il ait obéi.

Registre du Consistoire, 10 octobre. A été représenté par M. le professeur Tronchin que suivant sa commission, il aurait, en qualité de pasteur du quartier, interdit la Sainte-Cène à M. Vincent Sarasin jusqu'à ce qu'il eût comparu céans, y étant appelé. Lequel lui répondit qu'il n'y comparaîtrait point, et qu'il se retirerait plutôt de cette ville.

Registre du Consistoire, 26 mai 1696. A comparu M. Vincent Sarasin, pour requérir la Sainte-Cène, à lui défendue pour sa désobéissance de n'avoir voulu comparoir céans, y étant appelé. Lequel a témoigné avoir du déplaisir de n'avoir obéi aux ordres de la vénérable Compagnie, en demandant pardon.

Avisé de lui octroyer, à sa requête, la Sainte-Cène pour sa consolation, en promettant de ne plus avoir de commerce avec les personnes suspectes, ainsi qu'il lui avait été défendu.

Après avoir lu et commenté tous ces extraits, textuels et complets, du registre du Consistoire, revenons aux *Confessions* de Jean-Jacques : « La beauté de ma mère, dit-il, son esprit, ses talents, lui attirèrent des hommages.... Ma mère avait de la vertu. » Ai-je mal interprété les renseignements

que nos documents nous donnent? Il me semble
qu'ils confirment tout ce que Rousseau dit de sa
mère, et laisse entendre. Il n'y a de fâcheux, de
pénible, qu'un seul mot de nos extraits, le dernier : quand le Consistoire fait promettre à M. Sarasin « de ne plus avoir de commerce avec les
personnes *suspectes* ». Mais ce regrettable adjectif,
que nous voudrions prendre pour un *lapsus calami*,
s'il s'applique à Suzanne Bernard plutôt qu'à
Mlle de Saint-Maurice, n'est sous la plume du
vieux secrétaire du Consistoire [1] qu'un trait de
pruderie sénile. Prenez la définition que donne de
la pruderie le *Dictionnaire de l'Académie* : « Circons-
pection excessive sur des choses frivoles qui semblent regarder la pudeur et la bienséance ». N'est-
ce pas ce que nous voyons dans ce mot désobli-
geant et déplacé du secrétaire du Consistoire?

Suzanne Bernard était une personne séduisante,
et qui ne passait pas inaperçue; elle a fait parler
d'elle. Dans une ville où l'autorité morale était
vigilante et puritaine, où chacun prenait plaisir à
l'aider dans sa tâche, Suzanne Bernard était le
point de mire d'une foule de regards attentifs,
soupçonneux et sévères. Un jour, bien pardonnable

1. Jean Sarasin, âgé de soixante-dix-huit ans, parent
éloigné de Vincent.

encore dans sa légèreté, elle avait pris des habits de paysanne pour aller dans un petit théâtre; les gens graves avaient eu raison de froncer le sourcil et de la gronder; mais c'était tout, et notre dernier mot doit être : Honni soit qui mal y pense!

Six ans après, l'oncle de Suzanne, le pasteur Bernard, chargé d'ans et d'infirmités, vint à mourir. Dans la quinzaine qui suivit, son neveu et sa nièce, ses seuls héritiers,

étaient en difficultés et sur le point d'entrer en procès, pour lequel éviter, et vivre en bonne union et amitié fraternelle, ils ont convenu et accordé, par entremise de leurs parents et amis, ce qui s'ensuit : savoir que le sieur Gabriel Bernard aurait pour sa portion le jardin et bâtiment y construit, situé à Plainpalais; *item* tous les livres et instruments de mathématiques appartenant au défunt, à la réserve de quelques livres qui sont restés entre mains de la demoiselle Suzanne Bernard [1], etc.

1. *Minutes du notaire Daniel Grosjean*, 27 mai 1701. — C'est de ces livres que Rousseau parle au commencement des *Confessions* : « Ma mère avait laissé des romans, nous nous mîmes à les lire après souper, mon père et moi.... Les romans finirent avec l'été. L'hiver suivant, ce fut autre chose. La bibliothèque de ma mère fut épuisée; on eut recours à la portion de celle de son père (*lisez : de son oncle*) qui nous était échue. Heureusement il s'y trouva de bons livres : cela ne pouvait guère être autrement, cette bibliothèque ayant été formée par un ministre, à la vérité, et savant même, car c'était la mode alors; mais homme de goût et d'esprit. »

Suzanne eut pour sa part un pré situé au loin, et quelques valeurs mobilières; mais c'est sans doute le joli jardin et la maison de Plainpalais que le frère et la sœur tenaient l'un et l'autre à posséder, et qui faisait le sujet de leur querelle. Suzanne fut celle qui céda; son frère lui en fut reconnaissant peut-être; et nous, très certainement, nous lui en savons gré. Ni elle ni son fils n'ont eu un caractère avide et accapareur.

Deux anecdotes : voilà tout ce qui reste du long temps de jeunesse que Suzanne Bernard parcourut, de quinze ans à trente. L'imagination voudrait la suivre dans ces heures si lentes qui se sont écoulées pour elle, dans ce loisir que tant de rêves ont traversé sans doute. On aimerait à voir ces beaux yeux que l'espérance et le désir ont fait briller, dont l'ennui a dû souvent voiler l'éclat. L'âme rêveuse de l'enfant qui était encore à naître se préparait déjà dans ces années oisives. Mais notre curiosité ne sait où porter son regard : pas une lettre ne nous reste, pas une ligne que nous puissions commenter. Du roman de cette belle personne, nous ne connaissons que le dénouement : elle finit par épouser un ami d'enfance.

CHAPITRE VII

ISAAC ROUSSEAU, SA JEUNESSE ET SON MARIAGE

Fils et petit-fils, neveu et frère d'horlogers, Isaac Rousseau, à vingt et un ans, était lui-même compagnon horloger; il avait fait le long apprentissage d'un métier lucratif, métier qui réclamait toute l'assiduité d'un jeune homme, s'il tenait à faire son chemin. Mais Isaac Rousseau avait appris à jouer du violon; il préférait son archet à sa lime; et de même que son fils Jean-Jacques abandonna un jour sa place au cadastre de Chambéry pour se mettre à donner des leçons de musique, Isaac se décida un beau matin à quitter l'établi et l'atelier, pour se faire maître de danse. Il s'associa dans ce but avec un ami presque aussi jeune que lui, qui épousa plus tard une de ses parentes : Jean Clément, né à Genève, mais fils d'un Parisien qui était maître de musique. Jean Clément avait fait un apprentissage de veloutier, et, comme Isaac Rousseau, il avait abandonné l'industrie pour se vouer aux arts d'agrément.

A cette date, le temps était déjà loin, où la danse était farouchement proscrite dans les églises protestantes, comme le témoigne, par exemple, ce paragraphe que je détache d'un livre du xvi⁰ siècle :

Qui demandera que c'est des danses,... on ne pourra répondre sinon que ce sont des gestes impudiques et dissolus, par lesquels la cupidité de la chair est réveillée et enflambée, tant ès hommes qu'ès femmes.... Quand un galant tiendra une femme ou une fille par la main, et qu'il fera de beaux sauts devant elle, ou que par mesure il se remuera, et qu'elle semblablement fera bonne pipée, je vous prie, que peut-il y avoir de Dieu en cela, ni d'honnêteté? Et les propos qu'ils tiennent ensemble, ne sont-ils pas ordinairement pleins de lascivité et d'ordure?... Il est certain que tous ceux qui approuvent les danses, ou qui les mettent entre les choses indifférentes, disent le mal être bien; et la malédiction de Dieu leur appartient de droit. (*Traité des danses*, par Thomas Chesneau. 1564.)

Mais le temps n'était pas encore venu où le pasteur Jacob Vernet pouvait écrire (1733) au pasteur Alphonse Turrettini : « Monsieur votre fils a pris un maître à danser, qui est une des choses dont il avait le plus besoin ». Pendant tout le XVIIe siècle, à Genève, les gens de bien voyaient la danse de mauvais œil. Il est vrai que la prospérité de la ville tenant en grande partie au séjour des jeunes étrangers qui y faisaient leurs études, le rigorisme de cette époque se trouvait obligé de faire en leur faveur quelques concessions. Les maîtres de danse, en particulier, étaient tolérés, parce que les parents de ces jeunes étrangers voulaient que leurs enfants prissent d'eux quelques leçons. Mais on ne perdait pas de vue les agissements de ces maîtres, et si l'un d'eux organisait une petite sauterie, il était aussitôt censuré :

Registre du Consistoire, 19 février 1674. Ont comparu sieur David Noiret et Pernette Saunex, sa femme, appelés pour avoir fait faire et permis chez eux un bal, et danse avec violons : ce qu'ils ont avoué. Mais (*David Noiret dit*) n'y avoir eu qu'une assemblée particulière de ses écoliers, étrangers et autres, en plein jour, dès midi jusques au soir, par lui invités; et n'y avoir eu autres de la ville que Mme Zollicoffer et une dame, sa pensionnaire; Mme Chabrey, sa fille, et les dames Alléon : le tout s'étant passé avec grande modestie, pour faire une épreuve de ce qu'il avait enseigné à ses écoliers.

Avisé de grièvement censurer ledit Noiret, pour avoir commis cet excès, avec sérieuse exhortation à ne récidiver, et menace du magistrat s'il ne se corrige, *et s'il enseigne ceux de la ville*.

Dans quelques villes où existaient des maisons de jeu, il n'était permis qu'aux étrangers de pénétrer dans les salles; l'entrée en était interdite aux gens du pays. Semblablement, les lois de Genève permettaient d'enseigner la danse aux étrangers seulement : les jeunes bourgeois et citoyens ne devaient pas prendre part aux leçons, et le Consistoire le rappela au sieur Noiret; mais les termes mêmes du registre montrent que quelque relâchement s'était introduit à cet égard.

Rousseau et Clément s'étaient associés au mois d'août 1694. Quelques mois après (6 décembre), ils firent entrer dans leur association ce Joseph Noiret, que nous venons de voir, et qui n'était plus jeune (soixante-sept ans), tandis qu'Isaac Rousseau était encore mineur (d'après la loi genevoise qui fixait la majorité à vingt-cinq ans) et ne pouvait agir qu'avec le consentement de son père, dont la signature figure à côté de la sienne sur l'acte de société.

« Les trois associés, y est-il dit, travailleront de tout leur possible pour le profit de la société, et auront soin de se faire payer de leurs écoliers; s'obligeant de se rendre bon et fidèle compte de tout le travail qu'ils feront, sans se rien cacher l'un à l'autre, et de rapporter tout ce qui procédera de leur travail entre les mains du sieur Noiret, qui s'en chargera sur un livre, pour en être fait partage tous les mois, par tiers. » — L'association devait durer trois ans.

On voit que Noiret avait la haute main dans l'association. Si le proverbe est vrai : *Dis-moi qui tu hantes, et je te dirai qui tu es*, il n'est pas inutile, pour apprendre à connaître le jeune Isaac Rousseau, de savoir ce que pensait ce David Noiret, qui avait voyagé, et qui était philosophe à sa manière. Les registres du Consistoire et du Conseil de Genève nous offrent à cet égard quelques renseignements intéressants.

Registre du Conseil, 10 octobre 1685. Sieur David Noiret, appelé pour avoir dit à quelques bourgeois qui lui demandaient des nouvelles de son beau-frère Pélaz, de Collonges [1], que si son beau-frère venait à changer de religion, il ne fallait pas croire qu'il fût damné, parce qu'en l'une ou l'autre religion, on invoquait un seul et même Dieu. Ces bourgeois ont dit que si l'on ne faisait pas justice dudit Noiret, ils le jetteraient dans le Rhône;

Icelui ouï, a avoué d'avoir bien dit que ceux qui changent de religion par contrainte ne sont pas damnés;

Et étant ouïs les sieurs Barrelet, Heim, Conte et Per-

---

1. Collonges est un village du pays de Gex, à trois lieues de Genève. Dans cette année 1685, où fut révoqué l'édit de Nantes, les protestants qui avaient beaucoup à souffrir partout en France, étaient particulièrement persécutés dans les environs de Genève.

réal, citoyens, ils ont tous déclaré par serment, séparément, que jeudi dernier le dit Noiret, passant par les
rues basses, le sieur Hcim lui demanda quelles nouvelles
il avait de son beau-frère Pélaz, à quoi il répondit :
« J'appréhende qu'il ne soit trop opiniâtre, et ne se fasse
des affaires. Au fond, je ne trouve pas grand mal d'aller
à la messe. J'y ai bien été quand j'étais en Italie. On
croit tous à un seul et même Dieu : Père, Fils et Saint-
Esprit; et encore qu'on change de religion, on peut
garder sa croyance au dedans. »

Ce qui lui a été soutenu par la confrontation faite
céans de tous les quatre susnommés, séparément : dont
il n'a pas autrement disconvenu; mais il a dit qu'il ne
s'était pas bien expliqué, ou qu'ils ne l'avaient pas bien
entendu; qu'il n'a point de sentiment contraire à notre
religion.

Dont opiné, arrêté qu'il demandera pardon à Dieu et
au Conseil, à genoux; sera suspendu de faire aucune
fonction de bourgeois pendant le bon plaisir de la Seigneurie, le renvoyant au vénérable Consistoire pour y
faire sa déclaration en forme.

A laquelle réparation il a satisfait.

Registre du Consistoire, 15 octobre 1685. A comparu
sieur David Noiret, sur renvoi de nos Seigneurs, pour
avoir tenu des propos et paroles scandaleuses contre
notre religion, disant qu'il est indifférent d'aller à la
messe ou au prêche !

Lequel a avoué que s'étant rencontré en compagnie,
il lui échappa, par imprudence et légèreté, de dire quelques paroles approchantes au sujet de son beau-frère
qui est prisonnier, sans aucun mauvais dessein. Au contraire, qu'il a en horreur la religion romaine, demandant humblement pardon à Dieu de s'être oublié à commettre cette faute; en ayant bien du repentir.

Avisé de le grièvement censurer du scandale qu'il a donné par cette impiété et indifférence de la religion ; ayant même avoué d'avoir été à diverses fois à la messe, étant en Italie ; et fera réparation de sa faute en demandant pardon à Dieu, genoux en terre ; avec défense de la Sainte-Cène, absolue.

A satisfait à la dite réparation.

Métropole et refuge des églises protestantes de France, Genève était une ville de théologie ; les maîtres de danse eux-mêmes étaient appelés à réfléchir sur la religion, et à avoir des idées personnelles en matière de foi.

Les documents que nous avons à notre disposition sont assez rares ; aussi ne devons-nous négliger aucune des données qu'on en peut tirer. Dans l'acte de société que nous avons cité, nous relèverons un paragraphe où Isaac Rousseau stipule « qu'il lui sera permis de *faire un voyage*, lorsque bon lui semblera, à ses frais, sans que pendant icelui (*voyage*), il puisse rien prétendre en la dite société ; et qu'étant de retour, il y rentrera pour achever le restant des dites trois années, si mieux il n'aime ne point exercer la danse, ce qui sera à son choix ».

« Tu es Genevois, tu verras un jour d'autres peuples, disait un jour Isaac Rousseau à son fils ;

mais *quand tu voyagerais autant que ton père*, tu ne trouveras jamais leurs pareils. »

L'amour des voyages, la danse et l'horlogerie se partageaient Isaac. Bientôt une nouvelle saute de vent, un changement d'idées dont la cause nous échappe, arracha le jeune Rousseau à l'art de Terpsichore. Nous trouvons en effet un troisième acte notarié d'association de maîtres de danse, en date du 18 octobre 1695, où nous voyons Clément et Noiret former entre eux deux une société dont Rousseau ne fait plus partie.

Depuis lors, dans tous les documents échelonnés pendant le reste de sa vie, où la profession d'Isaac Rousseau est indiquée à côté de son nom, à une seule exception près [1], il est qualifié maître hor-

---

1. Dans le registre du Conseil du 9 novembre 1722, il est parlé du *sieur* Rousseau fils, *maître de danse.* Le secrétaire du Conseil ne connaissait pas bien notre homme, puisqu'il laisse son prénom en blanc; s'il le qualifie *maître de danse*, c'est peut-être qu'il se rappelait avoir été autrefois son élève ou l'ami d'un de ses élèves. Dans toutes les pièces du procès de 1722, Isaac est désigné uniformément sous le nom de *Rousseau fils*, sans plus. Quoiqu'il fût dans sa cinquantième année et père de deux enfants, on continuait à l'appeler ainsi, son père vivant encore.

Nous pouvons d'ailleurs, pour établir qu'Isaac Rousseau n'avait pas repris (comme le croit M. Mugnier, p. 33 et 35) son ancien métier de maître de danse dans la dernière année de son séjour à Genève, nous appuyer sur le témoignage de Jean-Jacques : c'est à l'été de 1721 et à l'hiver qui suivit, que se rapporte ce qui est dit dans les *Confessions* des lectures qu'il faisait à haute voix dans l'atelier de son père.

loger. Nous ne savons pas à quel moment, entre vingt-deux ans et trente-deux ans, il s'est fait recevoir à la maîtrise. Les archives de Genève, qui possèdent les registres de maîtrise pour quelques professions, n'ont pas celui de la corporation des horlogers. Toujours est-il que, dans la carrière d'Isaac Rousseau, l'enseignement de la danse ne fut qu'une parenthèse de quelques mois.

Il pensait, nous avons vu, à faire quelque voyage. Nous ne savons où il alla porter ses pas, ni même si c'est à ce moment de sa vie qu'il réalisa son projet.

Nous retrouvons Isaac à Genève quatre ans après; il fut impliqué dans une affaire de batterie nocturne; on le mit en prison. A vrai dire, les torts n'avaient pas été de son côté; mais il était entré en querelle avec des gens plus haut placés que lui, et le gouvernement était aristocratique.

Un grand nombre de jeunes étrangers de bonne famille venaient des pays du Nord à Genève, pour y suivre leurs études et se familiariser avec la langue française. C'était une grande source de gain pour une ville qui était pauvre alors; et le séjour de ces jeunes gens, qui appartenaient à la haute société d'Allemagne et d'Angleterre, permettait à l'aristocratie genevoise de nouer dans ces pays des relations utiles à la République qu'elle gouvernait, et d'y entretenir un courant de sympathie et de bienveillance qui était démeuré ininterrompu depuis la Réforme. Dans la situation troublée de l'Europe, il y avait là un intérêt politique de premier ordre. Cela posé, si de simples bourgeois avaient une altercation avec de jeunes seigneurs anglais, avec des officiers d'une armée qui venait de tenir tête à Louis XIV, et de défendre contre lui la cause protestante, le procès était jugé d'avance : les battus devaient payer l'amende.

Nous allons citer la déposition d'un témoin, où nous regrettons de trouver dans le commencement de la querelle quelques détails de mauvais goût, trop essentiels au récit pour qu'ils puissent être enlevés.

Samuel Courlat, bourgeois, assermenté, a dit et déposé que vendredi dernier 27 octobre 1699, environ onze heures du soir, ayant veillé chez les frères Marchand qui demeurent au Château Royal, il rencontra le sieur Rousseau fils à l'entrée du Pont-Neuf, qui était avec les sieurs Chapuis, Picot, Prévost et Caille ; et que, marchant ensemble sur le dit pont avec deux chandelles, il remarqua que quatre ou cinq Anglais marchaient aussi sur le même pont devant eux, à quelques pas et sans chandelles : ayant reconnu l'un d'eux, nommé M. Neison, qui loge chez M. le professeur Mussard.

En chemin faisant, le sieur Picot fit un vent par la

bouche, ce qui donna lieu au sieur Rousseau de lui dire que ce vent-là était puant : à quoi Picot répondit : « C'est que je suis amoureux, je soupire ». A quoi l'un des Anglais dit : « C'est un soupir de cochon et de maraud ». Sur quoi M. Picot leur dit qu'ils ne devaient pas s'en fâcher, que ce n'était pas à leur sujet; qu'ils étaient sur un chemin public, qu'ils eussent à passer leur chemin, comme il le passait aussi.

Le même Anglais repartit que Picot et les autres ne savaient pas la différence qu'il y avait des officiers du roi d'Angleterre avec des courtauds de boutique. Et Rousseau répondit que des courtauds de boutique comme eux étaient des honnêtes gens, et qu'ils ne doutaient pas qu'eux ne fussent de braves officiers d'Angleterre. Alors le sieur Neison s'avança et dit : « Qui est ce monsieur qui parle si bien? » Et Rousseau répondit : « C'est moi, monsieur vous-même! » Et le sieur Neison dit qu'ils étaient des sots et des canailles, et qu'il leur apprendrait à connaître des officiers d'Angleterre. Sur quoi Rousseau reprit qu'il était prêt à les reconnaître partout.

Et dans ce moment, deux ou trois des dits Anglais s'approchèrent de lui, et donnèrent un soufflet à Caille, qui voulut se mettre entre deux, et un coup de poing à Rousseau; et en même temps ils se reculèrent, et mirent tous trois l'épée à la main. Et le sieur Neison s'avança pour empêcher que ces messieurs ne frappassent de leur épée, et leur dit : « Messieurs, je vous prie, point d'épée! » et dit à Rousseau et aux autres : « Vous êtes des sots et des coquins, retirez-vous! » Et nonobstant cela, ils poursuivirent Rousseau jusqu'aux Trois-Rois; — n'ayant point vu mettre l'épée à la main à Rousseau; s'étant retiré chez lui, Rousseau et Picot étant demeurés seuls; et ayant ouï qu'ils criaient le corps de garde à leur secours.

Et comme le bruit continuait, le dit déposant sortit encore, et trouva le sieur Picot entre le pont et les Trois-Rois, qui cherchait avec sa chandelle une épée qu'il disait que M. de Saint-Jean[1] avait cassée en lui donnant sur le bras, ayant trouvé en effet le bout de l'épée. — Ayant rencontré un moment après, au bas de la Cité, les sieurs Horngacher et Rodolphe Quenot, qui lui dirent qu'ils avaient rencontré ces Anglais, les épées nues à la main, qui s'approchèrent d'eux et leur donnèrent des chiquenaudes à leur chapeau, et leur dirent qu'ils étaient des canailles : à quoi le sieur Horngacher lui dit qu'il ne savait pas pourquoi ils le traitaient ainsi. Et ayant crié au secours, ils se retirèrent.

Et autre a dit ne savoir.

Cette bagarre avait lieu dans la nuit du vendredi au samedi; le lundi, Isaac Rousseau et Pierre Picot furent emprisonnés, et le lendemain, le Conseil, « procédant au jugement des nommés Rousseau, Picot, Chapuis et Prévost, appelés céans pour le scandale par eux commis, a condamné les uns et les autres à être grièvement censurés et à en demander pardon, et en outre Rousseau à vingt-cinq florins d'amende, et Picot et Chapuis chacun à quinze florins ». De plus on

---

1. Peut-être le célèbre Henri Saint-John, vicomte de Bolingbroke, né le 1ᵉʳ octobre 1678. Son père, qui l'avait eu d'un premier mariage, avait épousé en secondes noces une demoiselle Pellissari, d'une famille qui venait d'acquérir à Genève le droit de bourgeoisie.

les renvoya au Consistoire, où ils furent censurés fortement.

Nous ne connaissons le détail de cette affaire que par les dires de Samuel Courlat, jeune marchand de Lausanne, qui venait d'être reçu bourgeois de Genève : à l'entendre, on jugerait que tous les torts sont du côté des Anglais : Isaac Rousseau et ses amis ne se seraient conduits que trop doucement en face de ces insolents personnages. Mais nous n'entendons qu'une seule cloche; si nous avions pu prêter l'oreille au témoignage de ces insulaires, ils nous auraient persuadés peut-être qu'ils avaient pour eux le bon droit.

A coup sûr, Isaac Rousseau était irritable; deux ans après, nous le retrouvons en lutte avec un gentilhomme anglais, il voulait croiser le fer avec lui; on réussit à l'en empêcher.

Registre du Conseil, lundi 9 janvier 1702. M. le Lieutenant ayant rapporté hier, à l'issue du prêche, que le sieur Rousseau fils avait envoyé un cartel à un gentilhomme anglais dont il prétendait avoir été insulté; qu'il était sorti de la ville dans le dessein de l'aller attendre aujourd'hui qu'il doit partir : il a été dit qu'on ordonne au sieur Rousseau père de faire revenir incessamment son fils; qu'autrement on le rendra responsable des événements.

Peu avant la première de ces aventures, le vieux David Rousseau et sa femme avaient eu un gros chagrin. Leur fille aînée, Théodora, avait vingt-sept ans. Survint un tout jeune homme, un ingénieur, Gabriel Bernard, le frère de notre Suzanne. Le registre du Consistoire va nous apprendre ce qui se passa.

5 octobre 1699. A été rapporté que la fille du sieur David Rousseau s'est mariée avec le sieur Bernard, après avoir anticipé de sept mois, et qu'elle s'est épousée avec la couronne.

Avisé de la mettre sur le billet, pour être appelée quand elle aura accouché.

19 octobre 1699. A été rapporté par M. (*le pasteur*) Sarasin qu'il a baptisé l'enfant du sieur Gabriel Bernard et de demoiselle Théodora Rousseau, après huit jours de mariage.

Avisé de les mettre sur le billet pour les appeler dans la quinzaine.

2 novembre 1699. Ont comparu Gabriel Bernard et Théodora Rousseau sa femme, appelés pour l'anticipation scandaleuse de leur mariage.

Avisé de les censurer grièvement et de les suspendre de la Sainte-Cène.

14 mars 1700. Ont comparu sieur Gabriel Bernard et Théodora sa femme, pour demander d'être reçus et rétablis à la participation de la Sainte-Cène, qui leur avait été défendue pour anticipation dans leur mariage : ce qui leur a été accordé pour leur consolation, ensuite des marques qu'ils ont données de leur repentance.

Jean-Jacques n'a pas connu cette aventure; c'est tout simple, et c'est en pleine sincérité qu'il a pu dire : « Né dans une famille que ses mœurs distinguaient du peuple.... Mes trois tantes, toutes sages et vertueuses.... »

Théodora Rousseau ne pouvait pas dire qu'on avait abusé de son innocence juvénile; elle avait cinq ou six ans de plus que son mari. Vingt-cinq ans après cette aventure, Jean-Jacques passa quelques mois chez Mme Bernard : « Ma tante, dit-il, était une dévote un peu piétiste, qui aimait à chanter les psaumes ». — Ajoutons que la pauvre enfant, fruit d'une union qui avait commencé *ab illicitis*, était morte le jour même où on l'avait baptisée; elle avait eu pour parrain son grand-père David Rousseau.

Pendant les années qui suivirent, le frère de la mariée et la sœur de son jeune époux eurent naturellement mille occasions de se voir. Isaac Rousseau habitait avec son père au haut de la Cité; Suzanne Bernard à quelques pas de là, à la Grand'Rue, dans un quartier voisin de la promenade de la Treille, la plus belle de la Genève d'alors.

Jean-Jacques Rousseau, dans un passage déjà cité, mais qu'il faut relire encore, a fait une

idylle en parlant du mariage de son père et de sa
mère.

Ma mère, dit-il, était riche; elle avait de la sagesse et
de la beauté. Ce n'est pas sans peine que mon père
l'avait obtenue. Leurs amours avaient commencé presque
avec leur vie; dès l'âge de huit ans, ils se promenaient
ensemble tous les soirs sur la Treille; à dix ans, ils ne
pouvaient plus se quitter. La sympathie, l'accord des
âmes affermit entre eux le sentiment qu'avait produit
l'habitude. Tous deux, nés tendres et sensibles, n'attendaient que le moment de trouver dans un autre la même
disposition, et chacun d'eux jeta son cœur dans le premier qui s'ouvrit pour le recevoir. Le sort, qui semblait
contrarier leur passion, ne fit que l'animer. Le jeune
amant, ne pouvant obtenir sa maîtresse, se consumait
de douleur; elle lui conseilla de voyager pour l'oublier.
Il voyagea sans fruit, et revint plus amoureux que
jamais. Il trouva celle qu'il aimait tendre et fidèle.
Après cette épreuve, il ne restait qu'à s'aimer toute la
vie; ils le jurèrent, et le Ciel bénit leur serment.
Gabriel Bernard, frère de ma mère, devint amoureux
d'une des sœurs de mon père; mais elle ne consentit
à épouser le frère qu'à condition que son frère épou-
serait la sœur. L'amour arrangea tout, et les deux
mariages se firent le même jour.

Nous avons vu l'oncle et la tante Bernard se
marier dans l'automne de 1699; le mariage d'Isaac
eut lieu le 2 juin 1704. Jean-Jacques Rousseau
nous fait des histoires, et je crois que c'est très
ingénument : on les lui a faites, il les répète;

mais nous sommes à même de rétablir les dates
et les faits.

Ce qu'il faut retenir dans ce récit, c'est la mention des voyages du jeune homme. Son oncle
Jacob était établi à Londres; son oncle André à
Hambourg; son frère André à Amsterdam; son
beau-frère Gabriel Bernard avait voyagé à Venise,
avait été au siège de Belgrade, et il alla mourir à
Charlestown, en Amérique; son fils aîné François
partit pour l'Allemagne, où on perdit ses traces;
son neveu Abraham Bernard alla dans le même
pays, et l'on y perdit ses traces aussi [1]; son
cousin germain Jacques Rousseau partit pour la
Perse en 1708 [2]. L'humeur nomade était large-
ment répandue parmi les Genevois de ce temps;
Rousseau n'exagérait pas beaucoup quand il
disait d'eux, dans sa *Lettre à d'Alembert* : « La
moitié de nos citoyens [3], épars dans le reste de

1. Au livre V des *Confessions*, Rousseau a dit que cet
Abraham Bernard était mort au service du roi de Prusse.
Qu'en savait-il? Le fait est que la mère d'Abraham, dans un
testament qu'elle fit douze ou quinze ans après l'époque où
son fils serait mort, d'après le dire de Rousseau, mentionne
seulement l'absence de ce fils, et l'institue son héritier
universel.

2. C'est de lui que descend la seule branche encore exis-
tante de la famille du philosophe de Genève. Elle est repré-
sentée aujourd'hui par M. Alfred Rousseau, dont j'ai parlé
plus haut, et son frère M. Georges Rousseau.

3. J'ai cherché, — et je crois, j'ai réussi à établir que si

l'Europe et du monde, vivent et meurent loin de la patrie. Nous sommes forcés d'aller chercher au loin des ressources que notre terrain nous refuse; et nous pourrions difficilement subsister, si nous nous y tenions renfermés. » L'affluence des réfugiés, aiguillonnés par le besoin, qui prenaient pour eux les petits métiers, poussait au dehors les fils des anciennes familles; ceux-ci voulaient des carrières qui souriaient davantage à leur amour-propre; et ne trouvant pas à se placer dans leur ville natale, ils allaient chercher fortune ailleurs. L'esprit d'imitation s'en mêlait; une espèce d'instinct migratoire devenait un des éléments du caractère genevois. Cette humeur nomade, Jean-Jacques Rousseau la tenait aussi de race, c'est pourquoi, resté besogneux toute sa vie, il se trouve avoir fait autant de voyages et de plus beaux que le riche Voltaire. Tous deux ont été en Angleterre. Voltaire a fait des courses et des séjours en Belgique, en Hollande, et dans l'Allemagne du Nord; Rousseau en Dauphiné, en Languedoc, en Provence, et en Italie jusqu'à Venise. Voltaire n'est pas allé au midi plus loin

Rousseau avait dit : *Le quart de nos citoyens*, au lieu de : *la moitié*, son assertion n'aurait rien eu d'exagéré. (*Bulletin de l'Institut genevois, t. XXXII. p. 4 à 12.*)

que Lyon [1], et n'a jamais franchi les Alpes, ni même été jusqu'à leur pied.

La question d'argent, quand on se met en ménage, n'est point à négliger; et un mot est à relever dans le récit de Rousseau : « Ma mère était riche », dit-il. Nous sommes en mesure de substituer des chiffres précis à une donnée vague [2]. D'après une reconnaissance que signa son mari en 1712, Suzanne Bernard avait hérité 6 000 florins de son oncle le pasteur, qui l'avait élevée; 10 000 florins de sa mère; et, à ce qu'il semble, rien du tout de son père, qui était mort depuis longtemps (1682).

1. Voltaire regrettait lui-même de ne pas avoir vu les pays du Midi. Il le disait à sa nièce, Mme Denis, dans une lettre écrite au moment où il s'établissait à Berlin, pour lui demander de venir y tenir sa maison : *Charlottenbourg, 14 auguste 1750.* « Si ces propositions vous convenaient, vous feriez vos paquets au printemps; et moi j'irais, sur la fin de cette automne, faire mon pèlerinage d'Italie, voir Saint-Pierre de Rome, le pape, la Vénus de Médicis et la ville souterraine. J'ai toujours sur le cœur de mourir sans voir l'Italie. »

2. Dans le contrat de mariage d'Isaac Rousseau et de Suzanne Bernard, l'épouse se constitue en dot tous ses biens, notamment une pièce de pré dans un village au pied du Jura; 3 675 florins placés en prêt chez divers; une garde-robe de noyer; une écritoire couverte de chagrin, la garniture d'argent; et six cuillers à café, d'argent. Isaac Rousseau donne à sa femme cent écus pour *bagues et joyaux.* David Rousseau assure à son fils deux cents écus, payables après son décès; et Mme Bernard à sa fille Suzanne, quatre cents écus, payables aussi après son décès, sans intérêts.

La mère de Suzanne Bernard, restée veuve avec deux enfants, avait maison en ville, maison à la campagne, et, dans son appartement, des peintures que son testament partage entre son fils et sa fille. Celle-ci dessinait, chantait, s'accompagnait du théorbe; sa mère et son oncle avaient pris grand soin de son éducation. Tout cela indique une certaine aisance. Mais en somme, avec sa dot, après la réalisation de ses espérances, la liquidation de toutes les hoiries auxquelles elle pouvait avoir part, Suzanne Bernard était à la tête de 16 000 florins de Genève, soit 8 000 livres de France. En ce temps-là, dans une ville économe et de mœurs simples, c'était un joli denier. Mais, je le répète, cela ne constituait qu'une large aisance; ce n'était pas encore la richesse.

Isaac Rousseau avait pu recueillir l'héritage de sa mère : la part de chacun des enfants fut de 1 500 florins. La succession de son père David ne s'ouvrit que longtemps après; il mourut presque centenaire, en juillet 1738.

Dans ce que dit l'auteur des *Confessions* de l'état de fortune de ses parents, il y a des erreurs de détails et quelques malentendus; mais en définitive, Jean-Jacques est dans le vrai. Suzanne Bernard, avec 16 000 florins, était beaucoup plus à son aise que son mari Isaac Rousseau avec 1 500. Dans la bourgeoisie genevoise, les parents donnaient à leurs fils un métier, et une dot à leurs filles. Tandis que Théodora Rousseau, femme de Gabriel Bernard, avait reçu de son père une dot de 200 écus blancs — plus de 2 000 florins, — ce qui constituait un solide avancement d'hoirie, son frère Isaac n'avait eu pour sa part que l'avantage, très grand à la vérité, de faire un bon apprentissage d'horloger. A lui de se tirer d'affaire et de se mettre en état de soutenir une famille. Un homme laborieux et économe, comme il y en avait beaucoup à Genève, y eût facilement réussi. L'horlogerie était florissante en cette ville, dans ce temps-là. Avec une main habile — comme était celle d'Isaac Rousseau, au dire de son fils, — après une vie de travail, on arrivait à la fortune en même temps qu'à la vieillesse. Mais Isaac Rousseau était « un homme de plaisir », en sorte qu'il dépensait l'argent aussi vite qu'il le gagnait.

CHAPITRE VIII

ISAAC ROUSSEAU, SON SÉJOUR EN ORIENT ET SON RETOUR

Suzanne Bernard et son mari étaient d'un caractère libre et fier, d'une nature aventureuse; ils appartenaient tous deux à ce que l'on appellerait aujourd'hui la jeune Genève. Un siècle nouveau s'était ouvert : les esprits émancipés sentaient arriver à eux un souffle inconnu. On entrait dans une époque de relâchement, de plaisir et de gaîté. Les pères avaient vécu dans des temps difficiles et durs; ils avaient accepté une vie étroite, soumise à des lois austères; les fils héritaient du fruit de leurs peines; de longues économies avaient fini par créer l'aisance; le goût des arts commençait à naître.

Les marques de la race persistent indélébiles à
travers les générations qui se succèdent; mais
chacun de ceux qui meurent emporte avec lui
quelque chose qui ne revient plus, et chaque flot
de jeunesse amène du nouveau au jour. Le portrait des Genevois du xviie siècle avait été tracé,
dans le style imagé de l'époque, par Jacob Laurent
qui écrivait en 1635 :

Vous avez des jugements solides et des esprits propres
pour les sciences. Le courage ne vous défaut non plus,
ni la constance contre tous accidents. On vous ferait
grand tort, qui vous prendrait pour des casaniers et des
souffle-cendres. Vous êtes passionnément amoureux de
vos libertés et de votre patrie. Vous êtes du naturel des
palmes qui se redressent, tant plus on veut les abaisser.

Et cependant vous n'êtes point sujets à vous troubler à
la façon de l'eau, à exciter les orages comme les vents, ni
à vous soulever ainsi que font les vagues. Vous n'êtes
pas comme ces poissons qui ne se plaisent que dans
l'agitation des ondes, ni comme les chameaux qui
recherchent l'eau trouble pour y boire. Vos humeurs
ne ressemblent point à celles des piverts, qui se réjouis-
sent lorsque l'air s'obscurcit et qu'il doit faire mauvais
temps. *Il n'y arriverait aucun changement, s'il n'y avait
que vous pour en être les causes.*

Les Genevois du xviiie siècle se reconnaissaient
toujours dans les premiers traits de cette peinture; mais il en eût fallu effacer toute la seconde

moitié : elle ne répondait plus à l'humeur remuante qui amena cent ans de troubles dans la petite république.

> Ils ne sont plus, ils ne sont plus les mêmes,
> Ces Genevois, si sages autrefois :
>   Trop de sang dauphinois
>   A coulé dans leurs veines.

Ce sont de mauvais vers qui couraient à cette époque dans la ville. Le rimeur ne savait pas son métier; mais le patriote voyait clair. La seconde poussée de l'immigration française, qui fut à Genève la suite de la révocation de l'édit de Nantes, avait introduit dans la vieille cité beaucoup de nouveaux venus, étrangers aux traditions locales, ingénieux et vifs, instinctivement favorables à tout ce qui était large et libéral. Dans les anciennes familles, les uns se raidissaient contre cet esprit novateur, les autres s'y laissaient séduire. Deux partis se formaient dans la cité remuante.

On a déjà vu que la famille Rousseau appartenait à ce qu'on appellerait aujourd'hui l'opposition libérale. Elle était de bonne et ancienne bourgeoisie, et avait quelques attaches avec la société aristocratique. M. Galiffe, l'auteur des *Notices généalogiques sur les familles genevoises*, a écrit à ce sujet une page qui mérite d'être citée, quoiqu'elle appelle quelques rectifications :

Rousseau était fort bien allié à Genève, et quelques-uns de ses proches parents étaient riches. Son père était cousin germain (lisez : *neveu à la mode de Bretagne*) d'une dame Passavant, dont une belle-sœur était femme de Noble Jean Revilliod, et un beau-frère marié à une demoiselle Pictet, fille d'un premier syndic.

Il était issu de germains des frères Guainier, mariés à des demoiselles Gautier, Marcet et de Normandie, et d'une dame Butini, dont la fille épousa le célèbre professeur Vernet, et fut mère de mesdames Fabri et Lullin de Châteauvieux. (Lisez : *il était cousin issu de germains des frères Guainier, mariés à des demoiselles Gautier et de Normandie, et des sœurs Guainier, dont l'une épousa, le 4 février 1694, Jacob Marcet — tige de cette branche de la famille Marcet qui fleurit encore aujourd'hui — et dont une autre épousa, le 15 juin 1704, Noble Pierre Butini; sa fille épousa le 18 avril 1734 le célèbre professeur Vernet, et fut mère de mesdames Fabri et Lullin de Châteauvieux; —* ces dernières ont aujourd'hui de nombreux descendants dans plusieurs familles de l'aristocratie genevoise.)

Il avait eu pour parrain le syndic Jean de Budé, sieur de Vérace (lisez : *Isaac de Budé, sieur de Vérace, lequel n'a point été syndic*).

Une cousine germaine de son père (lisez : *sa cousine germaine,* puisque, dans toutes ces phrases, il s'agit d'Isaac Rousseau) avait épousé Noble Jacob Trembley, dont la famille était une des plus puissantes de la République.

Assurément, Jean-Jacques Rousseau n'avait pas besoin

de parents pour s'illustrer; et ils ne lui servirent à rien
que peut-être à exciter cet esprit de susceptibilité poin-
tilleuse qui le rendit si malheureux; mais il est bon de
savoir que ce n'était pas un homme de rien, qu'il tenait
à la bonne société par beaucoup d'endroits.

Ajoutons qu'un cousin issu de germains
d'Isaac Rousseau, Robert Dunant, fut syndic en
1769; que son cousin David Guainier, cité plus
haut, fut le père du syndic Guainier et le beau-
père du premier syndic Jean-Louis Du Pan; que
le syndic Mussard, un des magistrats les plus distingués de la République, était son parent [1] à un
degré un peu plus éloigné (le huitième).

Tout cela est bel et bon; mais ce qu'il y a de
plus vrai dans la page qu'on vient de lire, c'est
que les parents haut placés de Jean-Jacques et de

---

1. Le roi Charles IX, en juillet 1563, érigeant en duché la
vicomté de Thouars, en faveur de Louis III de la Trémoille,
parle de « *la proximité de lignage* dont il (*le nouveau duc*)
nous attouche, étant descendu de la comtesse de Taille-
bourg, sœur aînée du comte d'Angoulême, notre bisaïeul ».
(*Les La Trémoille pendant cinq siècles*, III, 194.)

Le roi de France et Louis de la Trémoille étaient parents
au huitième degré.

Mais tandis qu'un roi peut se plaire à rappeler sa parenté
avec un grand seigneur, son sujet, une condescendance
semblable est plus difficile sans doute à des personnages
d'une noblesse infiniment moindre, surtout dans une république où les rangs ne sont pas si bien marqués, et où, en
conséquence, on est d'autant plus attentif à soigneusement
les maintenir.

son père ne leur ont été utiles à rien, et ne se sont
jamais rapprochés d'eux.

Jean-Jacques Rousseau raconte dans les *Confessions* qu'il avait renoué des liens de parenté
avec deux de ses cousins Mussard, à Turin et à
Paris. Mais le syndic Mussard [1], qui était aussi son
cousin, à peu près au même degré, ne jugea point
à propos de rappeler à Jean-Jacques une parenté
que celui-ci connaissait très bien, j'en suis assuré.

Revenons à Isaac Rousseau. Sa femme accoucha
d'un fils, le 15 mars 1705. « Ensuite il fallut se
séparer, dit Jean-Jacques dans les *Confessions*.
Après la naissance de mon frère unique, mon père
partit pour Constantinople. » — Il fallut se
séparer, et pourquoi? Nous n'en savons pas plus

1. Tous ces noms genevois, que j'ai cités tout à l'heure,
Gautier, Trembley, etc., ne disent rien à des lecteurs français; et personne ne se soucie que j'explique par le menu
les titres de chacune de ces familles. Je ne parlerai que du
syndic Mussard; il négocia et signa le traité de Turin, qui
termina, en 1754, les différends entre la Savoie et la république de Genève, lesquels avaient eu leur origine au
xIIIe siècle, à l'époque où la maison de Savoie commença
à prendre pied dans la ville. Le syndic Mussard mit fin à
un procès qui avait duré cinq cents ans; et Rousseau put
dire à ses concitoyens, dans la dédicace du *Discours sur
l'Inégalité* : « Votre souveraineté, acquise ou recouvrée à la
pointe de l'épée, et conservée durant deux siècles à force
de valeur et de sagesse, est enfin pleinement reconnue. Des
traités honorables fixent vos limites, assurent vos droits,
et affermissent votre repos. »

que l'auteur des *Confessions*, qui n'en savait rien sans doute. Mais le champ des conjectures est ouvert, et il s'en présente une tout d'abord. On notera qu'Isaac Rousseau revint de Constantinople une année après la mort de sa belle-mère, Mme Bernard.

S'il est vrai qu'Isaac Rousseau et Suzanne Bernard se soient aimés dès leurs jeunes années, pourquoi leur mariage s'est-il fait si tard? Et si l'amour conjugal les attachait si fort l'un à l'autre, comme Jean-Jacques l'a dit, et comme je le crois volontiers, pourquoi se sont-ils quittés si vite? Tout s'explique si la mère de la jeune fille était opposée au mariage, et si la mère de la jeune femme a su rendre la vie amère à son gendre.

La question d'argent avait sans doute sa place dans les motifs de ce départ [1]. Deux mois après avoir signé le contrat de mariage qui détaille les différentes valeurs dont était formée la dot assez ronde de sa femme, Isaac Rousseau avait dû emprunter mille florins. On ne voit pas pourquoi.

---

1. La guerre de la succession d'Espagne, qui désola l'Europe pendant plus de douze ans, avait eu les plus fâcheuses conséquences financières. L'argent se resserra; il y eut sans doute beaucoup de faillites; et l'horlogerie, qui est en quelque manière une industrie de luxe, vit peut-être se fermer ses débouchés habituels.

Sa belle-mère consentit à lui servir de caution : elle ne devait pas être contente. L'hiver suivant, le mari prit le parti de vendre, pour avoir de l'argent liquide, une des créances qui constituaient l'avoir de sa femme. Évidemment le budget du jeune ménage était mal équilibré. On voit d'ici les yeux de la belle-mère; on entend ses discours. Elle habitait la même maison que les deux époux, et peut-être faisaient-ils ménage commun. Elle mit son gendre en fuite, oserait-on dire. Ce n'est qu'une hypothèse; mais elle est plausible, beaucoup plus que d'autres qu'on pourrait former.

Je ne crois pas, par exemple, que quelque estrif ait été la cause du départ d'Isaac pour les rives du Bosphore. Pour le faire aller si loin, il faudrait que c'eût été une grosse affaire; elle eût laissé des traces que nous retrouverions, et nous n'en voyons aucune.

Je ne crois pas non plus qu'Isaac Rousseau ait dû s'éloigner à cause de la part qu'il aurait prise aux troubles de 1707, dont Pierre Fatio fut le fauteur et la victime. S'il eût été là, certes il eût pris parti pour le démagogue qui ameutait le peuple genevois et lui rappelait ses vieux droits souverains; mais on ne trouve pas son nom sur les listes de suspects qui furent dressées alors, où figurent entre autres les noms de son père et d'un de ses oncles. Isaac était déjà parti plus d'une année avant que ces discussions éclatassent, puisque c'est à la date du 22 juin 1705 qu' « étant sur son départ pour faire voyage », il donne une procuration à sa femme pour gérer ses affaires pendant son absence.

Je crois volontiers à un coup de tête. Isaac avait un caractère irritable, et Jean-Jacques, pour le dire en passant, tenait bien de son père à cet égard. S'il n'a pas été proprement querelleur, c'est que jusqu'à douze ans il a été élevé par des femmes, sa tante Suzon et Mlle Lambercier ; que de douze ans à seize, les coups dont son patron, Du Commun, était prodigue avec lui, ont abattu son courage ; qu'enfin, dans les années de jeunesse qui suivirent, demeurant dans le besoin et se sentant sans appui, il ne put subsister qu'à force d'humilité, en sorte que l'habitude de provoquer l'adversaire lui a manqué ; mais il était susceptible et se choquait facilement ; et ce défaut, chez lui, se marqua singulièrement avec l'âge.

Il y a un autre trait de la nature d'Isaac Rousseau qu'on retrouve aussi chez son fils Jean-

Jacques, et qui a contribué sans doute à l'étrange
détermination prise par le jeune époux : il avait
quelquefois des idées qui tombaient de la lune. A
vingt et un ans, nous l'avons vu mettre de côté,
un beau jour, ses outils d'horloger pour prendre un
violon et donner des leçons de danse. Cette lubie
n'eut qu'un temps très court, mais elle dénote un
homme porté à prendre son parti à l'improviste,
en étonnant sa famille et ses amis par les décisions
les moins judicieuses. Je crois que ce plaisir
d'être singulier, ce goût des aventures, combiné
avec quelques embarras financiers et quelques difficultés d'intérieur, nous donne l'explication la
plus vraisemblable de cette étourdissante déser-
tion du foyer conjugal, de la part d'un homme qui
possédait une femme si séduisante, qui l'aimait,
qui était aimé d'elle. Elle lui demeura fidèle;
quand il revint de Constantinople, au mois de septembre 1711, après six ans d'absence, elle eut de
lui son second fils, Jean-Jacques, qui naquit le
28 juin 1712. Son mari pouvait se louer d'elle ; elle
lui avait « gardé la foi », selon l'expression de la
liturgie nuptiale de l'Église protestante. Nous
félicitons donc Suzanne de sa vertu; mais que
penserons-nous de la prudence d'Isaac?

Un mari qui plante là sa femme, un père qui ne

s'inquiétera guère de voir ses deux enfants quitter étourdiment leur pays et s'en aller à l'aventure : voilà notre homme. Il était d'une coupable insouciance à l'égard des siens. Son fils aîné, François Rousseau, est sans doute mort de misère dans quelque coin; avec quels sentiments pour son père? on ne sait. Sa femme et son fils cadet Jean-Jacques ont conservé jusqu'à la fin de l'attachement pour lui : c'est qu'il était aimable, malgré tout.

« On vous ferait tort, qui vous prendrait pour des casaniers et des souffle-cendres. » Ce mot, cité plus haut, de Jacob Laurent, s'applique bien à Isaac Rousseau; et ceci, du moins, est à son éloge. On doit reconnaître en lui, à côté de ses graves défauts, quelques-unes des qualités qui distinguent ses compatriotes, une certaine hardiesse, ce goût de pousser des reconnaissances dans l'inconnu, qui a conduit le savant De Saussure au sommet des Alpes. Ne pas craindre d'aller loin et de marcher seul, c'est ce qui fait les pionniers, et il y a aussi des pionniers d'idées. Pour ce trait de caractère encore, le fils d'Isaac a tenu de son père.

Celui-ci, qui passa en Orient les dernières années de sa jeunesse, y travailla de son métier d'horloger, fit des montres, et vécut au milieu de « la petite assemblée genevoise », de la « petite Église recueillie dans Constantinople ». Comme son fils Jean-Jacques, qui, en 1754, fréquentait assidûment les assemblées de dévotion à l'hôtel de l'ambassadeur de Hollande à Paris [1], il suivait les prêches du ministre Pierre Harenc, chapelain de l'ambassade de Hollande à la Porte ottomane : « Isaac Rousseau, nous dit son fils, avait beaucoup de religion. Galant homme dans le monde, il était chrétien dans l'intérieur. » Les services du dimanche, qu'il allait entendre avec ses compatriotes, établis comme lui au quartier de Péra, lui rappelaient la patrie absente. Ces horlogers et ces négociants, petit groupe perdu dans l'immense ville, avaient plaisir à se trouver réunis dans une chapelle ; la parole de l'orateur sacré était comme une voix du pays qui les ramenait aux émotions de leur jeunesse. En l'écoutant, ils sentaient revivre toute la poésie de leurs souvenirs. A vrai dire, leur imagination n'était sensible à aucune autre. La majesté de l'Orient, le charme de ses jours et de ses nuits, le tableau coloré de ses

---

1. Lire les documents que j'ai cités dans un article des *Étrennes chrétiennes*, de 1881 : *La rentrée de Jean-Jacques Rousseau dans l'Église de Genève*.

races agglomérées, les ruines de la Grèce et les traces des grands événements de l'histoire : ils contemplaient tout cela avec une sécheresse genevoise; ils étaient fermés à cet ordre de sentiments et d'idées. Jean-Jacques parle çà et là des entretiens que son père aimait avoir avec lui; Isaac lui a mis au cœur l'amour de la patrie et l'orgueil d'être citoyen de Genève; mais de ses souvenirs d'Orient, il semble qu'Isaac Rousseau n'ait pas dit un mot à son fils. Il n'avait point été frappé, semble-t-il, des spectacles qu'il avait eus sous les yeux, et qui ne lui avaient pas inspiré grand attrait. Il est curieux d'observer que cette lacune se trouve aussi chez Jean-Jacques. Quand celui-ci vint habiter Venise — une ville qui avait tant de fenêtres ouvertes sur le monde oriental, — il ne tourna jamais ses regards de ce côté. L'auteur du *Café de Surate*, celui de l'*Itinéraire de Paris à Jérusalem*, ont eu l'esprit et les yeux plus ouverts.

La belle-mère d'Isaac Rousseau mourut au printemps de 1710. Suzanne restait seule avec son fils François, qui avait cinq ans. L'isolement ne tarda pas à lui paraître triste et dangereux; elle rappela son mari. Il revint à Genève au mois de septembre 1711. Nous avons un témoignage qui corrobore à ce sujet le récit des *Confessions*, dans les lettres échangées entre le pasteur Pierre Harenc et la Compagnie des pasteurs de Genève :

A messieurs les pasteurs et professeurs de l'Église
et Académie de Genève.

Messieurs et très honorés pères et frères en Christ, je me donne l'honneur de vous apprendre que Messieurs les États [généraux de Hollande] ont été disposés, à la réquisition de Son Excellence leur ambassadeur à la cour ottomane, de lui envoyer un ministre qui sût prêcher en flamand et en français, afin de pouvoir édifier la petite assemblée genevoise qui se trouve à Péra de Constantinople. Ayant donc reçu l'agrément de Messieurs les États-généraux pour être le ministre de Son Excellence, je me suis aussitôt proposé de satisfaire à sa pieuse intention, en leur prêchant de temps en temps en français et en leur administrant les saints sacrements. Ayant été ensuite prié par ces messieurs [les Genevois] de me charger de la conduite de leur assemblée, je me suis déterminé à le faire, voyant qu'ils le souhaitaient unanimement... de sorte que je fais à présent les trois quarts de mes sermons en français.

Je remercie le Seigneur de ce qu'il lui a plu augmenter de cette assemblée la portion qu'il m'a daigné assigner en son héritage à cultiver, et je me réjouis de vous pouvoir par là donner à connaître l'affection que Messieurs les États et que Son Excellence portent à votre République et à l'Église en particulier, que tout le monde considère avec raison comme le commencement, la source et l'asile de la religion réformée, où elle s'est toujours conservée pure, et d'où elle s'est répandue au long et au large dans les pays et royaumes voisins, ayant fourni des pasteurs à la France, et s'étant de tout temps rendue célèbre par les grands hommes qu'elle a produits, et par l'asile qu'elle a donné à ceux qui étaient persécutés pour la vérité.... Puissiez-vous à toujours, Messieurs, être l'ornement de l'Église et de votre République! Puissiez-vous toujours voir luire le flambeau de votre piété et de votre érudition, au milieu des ténèbres de la papauté!...

Pierre Harenc.

Du palais d'Hollande, en Péra de Constantinople, ce 8 de juin 1711.

Cette lettre fut présentée à la Compagnie dans sa séance du 2 octobre suivant : les communications étaient lentes à cette époque. Le professeur Bénédict Pictet fut chargé de répondre au nom du corps :

Monsieur et très honoré frère,

Notre compagnie vous est très obligée de la lettre que le sieur Rousseau lui a remise de votre part. Nous sommes très sensibles à la bonté que vous avez pour la petite Église qui est recueillie dans Constantinople, et au soin que vous prenez de lui enseigner les vérités célestes et de lui administrer les sacrements. Nous bénissons Dieu de ce qu'on a fait choix de votre personne, sachant quelle est votre piété, votre zèle pour notre commun Maître, et votre charité. Nous vous conjurons, par les intérêts que nous prenons à la gloire de

Dieu et au salut de nos concitoyens, de continuer vos offices charitables à cette petite assemblée, de leur représenter (comme vous le savez faire parfaitement) leurs devoirs, de censurer ceux qui s'en écartent, afin qu'ils ne donnent point lieu aux Infidèles de blâmer notre religion....

Les éloges que Bénédict Pictet donne au pasteur Pierre Harenc sont sans doute l'écho de l'entretien que cet éminent et célèbre théologien avait eu avec le modeste horloger qui était revenu de Turquie.

CHAPITRE IX

L'ENFANCE DE JEAN-JACQUES

Voilà nos gens rejoints, et je laisse à penser
De combien de plaisirs ils payèrent leurs peines.

Isaac Rousseau et sa femme eurent quelques mois de bonheur, et Jean-Jacques vint au monde, le mardi 28 juin 1712. La date indiquée par le registre de la Compagnie des pasteurs, pour la remise de la lettre de Pierre Harenc, coïncide parfaitement avec l'assertion de Jean-Jacques : « Je fus le triste fruit de ce retour ». Quelques jours après sa naissance, la fièvre puerpérale, qu'on ne savait pas alors soigner comme aujourd'hui, enleva la mère et jeta le deuil dans la maison. Le registre des décès mentionne le fait en ces termes :

Du jeudi 7 juillet 1712, à onze heures du matin, Suzanne Bernard, femme du sieur Isaac Rousseau, citoyen, maître horloger, âgée de trente-neuf ans, morte de fièvre continue en la Grand'Rue [1].

Nous avons rejoint le récit des *Confessions*, et je n'ai que peu de chose à ajouter aux pages charmantes du premier livre, où Jean-Jacques a recueilli ses souvenirs d'enfance. Suzanne Rousseau, la sœur cadette d'Isaac, qui avait dix ans

---

1. La Grand'Rue est voisine de la cathédrale de Saint-Pierre, où Jean-Jacques fut baptisé le 4 juillet; et sans aucun doute il est né dans la maison de la Grand'Rue qui appartenait à sa mère, où celle-ci demeurait depuis longtemps, où elle est morte, où Isaac Rousseau demeurait encore quelques années après. — On a donné en 1793 le nom de Jean-Jacques Rousseau à une rue qui est située dans un autre quartier, de l'autre côté du Rhône; et sur une des maisons de cette rue, on a placé l'inscription suivante :

ICI EST NÉ

JEAN-JACQUES ROUSSEAU

LE XXVIII JUIN MDCCXII

Il y a longtemps que M. Heyer (dans les *Mémoires de la Société d'histoire de Genève*, t. IX) a relevé l'erreur qui fut commise ainsi, il y a un siècle, et qu'on n'a pas encore jugé à propos de corriger. L'une et l'autre maison, celle de la Grand'Rue et celle de la rue Jean-Jacques-Rousseau, ayant été démolies et reconstruites, la question n'offre plus grand intérêt. Mais quand la vieille bicoque subsistait encore à la rue Jean-Jacques-Rousseau, les touristes allaient la contempler avec une émotion dont nous trouvons le témoignage, par exemple, dans une lettre qu'Edgar Quinet a écrite à vingt ans (23 septembre 1823).

de moins que lui, était venue tenir son ménage
et remplacer la mère morte, auprès des deux
enfants. L'auteur des *Confessions* a fait une charmante peinture de cette aimable personne :
« J'étais toujours avec ma tante, dit-il, à la voir
broder, à l'entendre chanter, assis ou debout à
côté d'elle, et j'étais content. Son enjouement, sa
douceur, sa figure agréable m'ont laissé de si
fortes impressions que je vois encore son air, son
regard, son attitude ; je me souviens de ses petits
propos caressants ; je dirais comment elle était
vêtue et coiffée, sans oublier les deux crochets
que ses cheveux noirs [1] faisaient sur ses tempes,
selon la mode de ce temps-là. » On a son portrait,
mais c'est celui d'une femme très âgée ; il a été
fait trop tard.

Au temps où Suzanne et ses sœurs étaient
jeunes, le Consistoire, qui ne perdait de vue
aucune de ses ouailles, avait eu un coup de férule
à leur donner, à elles aussi. A vrai dire, c'est une
peccadille qu'il leur reprochait, et le tableau
qu'on va voir est celui de mœurs très simples.

Registre du Consistoire, 10 août 1702. — Sur ce qui a
été rapporté qu'on aurait vu, dimanche passé, après le

---

1. Jean-Jacques aussi avait les cheveux noirs. (Lettre de
Deleyre à Rousseau, 28 février 1758.)

prêche du soir, des demoiselles dans l'allée du sieur Rousseau, à la Cité[1], jouant aux cartes, dont on aurait été scandalisé : a été avisé que MM. les pasteur et Ancien du quartier les feront appeler pour les en censurer.

Registre du Consistoire, 24 août 1702. — A été rapporté par M. Turrettini, l'aîné, qu'en suite de la commission donnée tant à lui qu'à M. Burlamacchi, ils avaient fait appeler les filles du sieur Rousseau, au sujet de la plainte qu'on aurait faite de les avoir vues jouer aux cartes sur la porte, dans l'allée de leur maison, un jour de dimanche. De quoi ils les auraient censurées, et exhortées à ne plus donner un tel scandale.

Les deux sœurs cadettes, Clermonde (vingt-huit ans), qui épousa plus tard M. Fazy, et Suzanne (vingt ans), avaient seules comparu devant M. le pasteur Turrettini et M. l'Ancien Burlamacchi. Leur sœur aînée, Théodora — nous la connaissons, c'est la femme de Gabriel Bernard, — se rebiffa. On la menaça de l'appeler en plein Consistoire ; elle alla alors s'expliquer chez M. le professeur Tronchin, avouant qu'elle avait « manié les cartes un jour de dimanche, sur la porte de sa maison, non pour jouer, mais seulement pour deviner ». Le Consistoire secoua la tête, et réitéra sa

______

1. Cette maison avait été acquise en 1611 par un ancêtre des demoiselles Rousseau.

menace. Théodora s'exécuta, et comparut devant le pasteur et l'Ancien du quartier, pour recevoir sa réprimande : c'était une femme de trente ans.

Jean-Jacques, dans les *Confessions*, ne dit pas un mot de ses grands-parents. Il a pu connaître deux grand'tantes, Mmes Chabrey et Chenevière, qui sont mortes quand il avait onze et dix-sept ans; — et son grand-père David Rousseau, dont il a parlé à Bernardin de Saint-Pierre. Mais il ne paraît pas que ce digne homme ait cultivé avec prédilection *l'art d'être grand-père*. S'il avait aimé les enfants, s'il avait pris souvent Jean-Jacques sur ses genoux, l'auteur des *Confessions* ne l'aurait pas sans doute oublié. Dans toute cette lignée, David, Isaac, Jean-Jacques, on était indifférent aux enfants, on se passait d'eux, on ne s'y attachait pas : calus héréditaire, qui concourt à expliquer le plus grave des torts qu'on reproche à Rousseau.

Jean-Jacques avait une jeune bonne, sa *mie* Jacqueline, qui fut pendant quelques années domestique de la famille, et que Rousseau a eu plaisir à retrouver, quand il revint à Genève en 1754. Après la publication de *la Nouvelle Héloïse*, elle vivait encore, et elle écrivit à Rousseau, qui lui répondit :

Votre amitié me sera toujours chère. Je n'ai point cessé de penser à vous et de vous aimer. Souvent je me suis dit, dans mes souffrances, que si ma bonne Jacqueline n'eût pas pris tant de peine à me conserver étant petit, je n'aurais pas souffert tant de maux étant grand.

Cette lettre fut communiquée au *Journal de Genève*, en décembre 1788, par Jean-Antoine Martin, membre du Conseil des Deux-Cents, qui l'accompagna de quelques renseignements :

Jacqueline Danel avait été aussi la *mie* de mon père (né 17 mars 1711). Elle est morte avancée en âge, il y a une douzaine d'années [1].... Sa mémoire est en vénération dans le quartier. Elle avait un si bon cœur, elle était si généreuse et d'un caractère si gai que je ne suis point étonné que Rousseau ait toujours conservé pour elle un tendre souvenir.

Je me rappelle avoir appris de la *mie* Jacqueline que le petit Rousseau, ayant eu le malheur de déchirer son *atrio* (petit livre classique, *Atrium latinitatis* [2], recueil de

1. Jacqueline Faramand, fille d'un cordonnier, née à Genève le 20 janvier 1696, épousa en 1733 Jacques Danel, teinturier; elle mourut veuve le 8 août 1777.
2. Il n'y a pas lieu d'épiloguer sur les mots, sur le titre d'un livre, dans le récit que fait M. Martin, d'une anecdote vieille de soixante ans. Autrement, je me demanderais qui donc aurait donné des leçons de latin à Jean-Jacques? Jamais il n'a été à l'école; c'est une des singularités de sa vie. Et de même, dans l'éducation qu'il fait donner à *Émile*, point d'école publique, point de camarades et d'émulation.

mots latins), il fut condamné à être enfermé plusieurs jours dans un galetas ; la bonne Jacqueline fut pendant ce temps son unique consolatrice.

Une autre anecdote du même temps nous est racontée par Jean-Jacques lui-même. L'auteur des *Confessions* écrivait ses brouillons sur les premières feuilles venues ; après les avoir ensuite recopiés de sa belle écriture dans les manuscrits destinés à l'imprimeur, il détruisait les papiers où s'était épanché son premier jet. On conserve à la bibliothèque de Neuchâtel les brouillons de quelques morceaux qu'il a laissés de côté dans la rédaction définitive. Mon savant ami, M. Jansen, et moi, nous les y avons copiés, chacun de notre côté. Le fragment qui suit [1] nous offre un aperçu des leçons qu'Isaac Rousseau donnait à son fils :

La circonférence du ciel, que je voyais autour de moi, m'avait fait imaginer le globe du monde creux, et les hommes vivant dans le centre. Pour me désabuser, mon père s'avisa de planter des épingles dans une boule de tripoli. Il m'en coûta beaucoup pour imaginer des hommes sur la surface du globe. Quand ce vint à l'explication des antipodes, ces gens que je voyais la tête en bas, ne pouvaient s'arranger dans la mienne ; et le système de Copernic me faisant prendre le soleil pour

1. Il a été publié par M. Jansen dans l'appendice de son livre : *Rousseau als Botaniker*. Berlin, 1885.

le haut de l'univers, je ne pus jamais bien comprendre pourquoi la nuit nous ne tombions pas dans le ciel.

A l'égard du cours du soleil, mon père avait une petite sphère armillaire; mais il eut beau s'y fatiguer, et moi aussi : je n'y pus rien concevoir du tout; et elle ne servit qu'à brouiller toutes mes idées. J'ai remarqué, depuis, que tous les enfants sont dans le même cas; ils apprennent les noms des cercles, disent par cœur leurs usages, et puis c'est tout. Ils n'en tirent jamais la moindre notion véritable de la marche du soleil et de sa situation [par] rapport·à la terre; ce qui me fait croire que la sphère est un instrument mal inventé. Tous ces cercles imaginaires troublent l'esprit d'un enfant : il lui en faut supposer de semblables dans les cieux. Si on l'avertit que ces cercles n'existent pas, il ne sait plus ce qu'il voit. Il faudrait, pour que la sphère les abusât moins, lui donner des proportions directement contraires à celle qu'elle a communément, c'est-à-dire un grand globe et de petits cercles.

Quoi qu'il en soit, mes premières et meilleures leçons de cosmographie furent prises devant l'établi d'un horloger, avec une boule de tripoli et des épingles pour tous instruments. Je ne saurais dire avec quelle avidité je dévorais ces.... (*Le morceau est interrompu.*)

Jean-Jacques Rousseau tenait ses prénoms de son parrain Jean-Jacques Valençan, riche marchand drapier, qui avait été reçu bourgeois de Genève en 1701. Il était le fils de Spectable Jean Valençan, ministre de la Parole de Dieu, de Châtillon en Dauphiné, réfugié à Berne. Il demeurait à la Grand'Rue, dans la même maison que les familles Bernard et Rousseau ; Isaac Rousseau et lui étaient à peu près du même âge.

Malheureusement, Valençan mourut d'apoplexie à quarante-cinq ans, en 1715. Cette mort fut très fâcheuse pour son filleul Jean-Jacques Rousseau, à qui elle enleva un protecteur qui aurait pu lui rendre des services, comme il en avait rendu à sa mère pendant l'absence d'Isaac : c'était un homme entendu aux affaires.

A cette époque où Isaac Rousseau vivait en père de famille avec sa sœur et ses deux enfants, nous rencontrons son nom dans le registre de la Compagnie des pasteurs, à la date du 10 janvier 1715 :

On a nommé les sieurs Gédéon Rigot, Isaac Rousseau et Gaspard Bonnet, pour collecteurs à la place de ceux qui ont été déchargés ; et ayant été grabelés[1] à haute voix et par ballottes, ils ont été approuvés.

Il était ainsi appelé à des fonctions à la vérité modestes ; mais ses deux collègues nommés en même temps que lui, et tous les membres du

---

1. Le *grabeau* était une délibération, un entretien sur les mœurs, la conduite et la capacité des candidats. Quand ils avaient été ainsi *grabelés* à haute voix, on votait au scrutin secret, avec des boules ou ballottes, pour les accueillir ou les repousser.

comité dans lequel il entrait, appartenaient à la bonne bourgeoisie; c'était un premier échelon dans la hiérarchie des charges publiques; il était sur la voie des honneurs républicains, où son père était allé jusqu'au poste de *dizenier*. S'il avait eu de l'ambition, Isaac Rousseau eût pu entrevoir, au loin, comme un bâton de maréchal, le titre de membre des Deux-Cents. Mais il eût fallu une conduite exemplaire, et Isaac Rousseau était un homme léger, jaloux de son loisir, point assidu au travail; la jolie situation de fortune qu'il tenait de sa femme semble avoir lentement décliné. Son fils aîné devenait un mauvais sujet. Avec son fils cadet, dont l'intelligence était précoce, Isaac, après le repas du soir, lisait des romans, ceux du grand siècle, ces œuvres d'un tour si fier et si noble, que les lecteurs d'aujourd'hui trouvent insipides, et qui ont su plaire autrefois à La Fontaine, à Mme de Sévigné : *l'Astrée*, *Cléopâtre*, *le Grand Cyrus*. On connaît les vers de La Fontaine sur d'Urfé, qui, dit-il,

> a fait une œuvre exquise.
> Étant petit enfant, je lisais son roman,
> Et je le lis encore ayant la barbe grise.

« Il n'était question d'abord, dit Rousseau, que de m'exercer à la lecture par des livres amusants;

mais bientôt l'intérêt devint si vif, que nous lisions tour à tour sans relâche, et passions les nuits à cette occupation. Quelquefois mon père, entendant le matin les hirondelles, disait, tout honteux : « Allons nous coucher; je suis plus enfant que toi ». L'anecdote est charmante; mais quel solécisme en pédagogie! Le pli donné de bonne heure à l'imagination de l'enfant l'a préparé sans doute à être un jour le rival heureux de ces auteurs qui l'enchantaient : Honoré d'Urfé, La Calprenède, Mlle de Scudéry. Isaac Rousseau, s'il eût vécu assez pour lire *la Nouvelle Héloïse*, eût eu le droit de s'applaudir du succès inattendu de sa méthode éducative; toujours est-il qu'aucun homme sérieux ne la recommandera.

Mais c'était après tout une vie agréable, calme et douce, qu'on menait à son foyer. Dix ans se passèrent ainsi, pendant lesquels Jean-Jacques eut une enfance heureuse; il ne lui manquait que des compagnons de son âge; point de sœur et point de cousine; la différence d'âge entre son frère et lui était trop grande pour qu'ils eussent les mêmes amusements. D'une nature bien douée et fine, d'un caractère un peu féminin, il se plaisait à la société des grandes personnes, sa tante et son père. Au milieu de l'innocence de ses premières années, il exerçait déjà sur son entourage cet attrait personnel qui lui valut tant d'amis le long de sa carrière, et qu'il possédait même encore dans sa morose vieillesse, quand Bernardin de Saint-Pierre vint lui rendre visite et fut saisi par son charme. Dans le petit cercle de famille que présidait l'horloger, la vie était étroite et sans horizon; l'impression qu'en reçut l'âme de l'enfant n'en fut que plus pénétrante. Un cadre resserré comme celui-là fut pour lui, dans les rêves de toute sa vie, une des conditions du bonheur.

Jean-Jacques tenait beaucoup de son père, et il était demeuré très attaché à sa mémoire. Dans ses écrits, il a eu à plus d'une reprise, avant les *Confessions* où il s'est donné carrière, l'occasion de parler de lui. Isaac vivait encore quand le jeune provincial, débarqué à Paris, et bien éloigné encore du moment où il réussit à percer, se reportait aux entretiens où son père, chaud républicain, enthousiaste ami de la liberté, lui mettait au cœur l'orgueil de porter le titre de citoyen de Genève :

Ah! s'il fallait un jour, absent de ma patrie,
Traîner chez l'étranger ma languissante vie,
S'il fallait bassement ramper auprès des grands,
Que n'en ai-je appris l'art dès mes plus jeunes ans!

> Mais sur d'autres leçons on forma ma jeunesse.
> On me dit de remplir mes devoirs sans bassesse,
> De respecter les grands, les magistrats, les rois,
> De chérir les humains, et d'obéir aux lois.
> Mais on m'apprit aussi qu'ayant *par ma naissance* [1]
> Le droit de partager la suprême puissance,
> Tout petit que j'étais, faible, obscur citoyen,
> Je faisais cependant membre du Souverain.
> — Avec le lait, chez nous, on suce ces maximes.

Quelques années plus tard, en dédiant le *Discours sur l'Inégalité* à la République de Genève, Jean-Jacques revient aux leçons qu'il avait reçues de son père ; et parlant de lui aux magistrats de 1754, parmi lesquels siégeaient encore quelques-uns de ceux qui l'avaient condamné en 1722, et l'Auditeur qui avait été chargé d'informer sur son

1. *Par ma naissance* : le lecteur aura remarqué ces mots. Je citerai, pour les expliquer, un passage de la *Lettre d'un citoyen*, du pasteur genevois Jacob Vernet :

« Peu de gens connaissent bien notre constitution. A parler exactement, elle n'a rien de démocratique. En effet, ce qui dans le style de nos Édits est appelé *le peuple*, n'est pas, comme en d'autres pays, tous les membres de la communauté, tous les habitants du pays : ce n'est que les citoyens et bourgeois. Eux seuls entrent dans le Conseil général ; eux seuls sont éligibles pour d'autres conseils ; tandis que d'autres classes plus nombreuses, comme celles des Natifs, des Habitants, et des gens de la campagne, n'y entrent point : et quoique membres de la communauté, et y possédant divers privilèges, ils ne participent pas néanmoins au gouvernement. Ainsi l'on peut dire que vis-à-vis d'eux, les citoyens et bourgeois forment un corps d'*Aristocratie héréditaire*, comme à Venise les Nobles vis-à-vis des citadins. »

procès, — mais tout était pardonné et oublié depuis longtemps :

Je ne me rappelle point, disait-il, sans la plus douce émotion la mémoire du vertueux citoyen de qui j'ai reçu le jour, et qui souvent entretint mon enfance du respect qui vous était dû. Je le vois encore, vivant du travail de ses mains, et nourrissant son âme des vérités les plus sublimes. Je vois Tacite, Plutarque, Grotius, mêlés devant lui avec les instruments de son métier. Je vois à ses côtés un fils chéri, recevant avec trop peu de fruit les tendres instructions du meilleur des pères. Mais si les égarements d'une folle jeunesse me firent oublier durant un temps de si sages leçons, j'ai le bonheur d'éprouver enfin qu'il est difficile qu'une éducation dont le cœur se mêle reste perdue pour toujours.

Enfin il faut rappeler le récit de cette fête de nuit que Rousseau a racontée dans une note de sa *Lettre à d'Alembert* : « Les enfants éveillés par le bruit accoururent demi-vêtus; la danse fut suspendue; ce ne furent qu'embrassements, ris, santés, caresses. Mon père, en m'embrassant, fut saisi d'un tressaillement que je crois sentir et partager encore. — Jean-Jacques, me disait-il, aime ton pays! »

Qu'on dise maintenant, si l'on veut, avec M. Dufour-Vernes : « Il est impossible de ne pas reconnaître dans ce père si indifférent et si égoïste, si changeant, si peu ami du travail, dans cet homme qui passe ses nuits à lire des romans avec son jeune fils, qui l'abandonne ensuite aux ennemis de la foi de ses pères, et qui ne lui donne plus aucune marque d'intérêt; dans cet être malheureux, à charge à lui-même et aux autres, qui a mal commencé la vie et la finit mal, le premier auteur de cette longue suite de misères qui furent le partage de l'infortuné Jean-Jacques. »

D'accord : l'auteur d'*Émile* n'a pas été très bien élevé. Mais cette éducation flottante, abandonnée, si peu conforme aux maximes d'une saine pédagogie, « le cœur s'en était mêlé », et les bonnes semences ont germé comme les mauvaises; la fierté républicaine a pris racine dans l'âme de l'enfant, au cours de ses entretiens familiers avec son père; l'imagination a eu tout son jeu; une nature originale et riche s'est développée en liberté : dans le bien comme dans le mal, Jean-Jacques a été le fils d'Isaac Rousseau.

« Jean-Jacques m'a raconté, dit Bernardin de Saint-Pierre, que son père était d'un tempérament très vigoureux, grand chasseur, aimant la bonne chère et à se réjouir. » L'auteur d'*Émile* a parlé lui-même, dans ce livre, du goût de son père

pour la chasse : « Je me souviens, dit-il, des bat-
tements de cœur qu'éprouvait mon père au vol de
la première perdrix, et des transports de joie avec
lesquels il trouvait le lièvre qu'il avait cherché
tout le jour. Seul avec son chien, chargé de son
fusil, de son carnier, de son fourniment, de sa
petite proie, il revenait le soir, rendu de fatigue
et déchiré des ronces, content de sa journée. »
Mais il ne fallait pas le contrarier en ces moments-
là; il n'était pas endurant. Un poète patois de
l'époque[1] nous conte sans sourciller, comme un
haut fait, un acte digne de fière mémoire, qu'un
seigneur savoyard, M. de Saconnex, ayant fait
mine de désarmer un braconnier genevois à la
chasse, le farouche républicain lui vida son fusil
dans l'estomac, et le fit dormir de ce sommeil
dont on ne se réveille pas :

On Faconnay, volan fare gremasse
De désarma noutra zan à la chasse,
On Genevoi li voidi son fusi
Dian l'estomac, et le bouta dremi.

Une rencontre pareille eut lieu dans une partie
de chasse que faisait Isaac Rousseau avec un de
ses compagnons de plaisir. Un propriétaire voulut

1. *Mémoires de la Société d'histoire de Genève*, XIX, 82.

les empêcher de passer dans un pré qui n'était pas encore fauché. Isaac Rousseau le coucha en joue. Nous n'avons sur ce conflit que le récit de la partie adverse, Pierre Gautier, qui avait été capitaine dans les chevaliers gardes du corps de l'électeur Auguste de Saxe, roi de Pologne. Il avait connu les hasards de la guerre au temps où le roi de Suède Charles XII avait mis en feu tout le Nord; il était rentré au foyer depuis quelques années.

Du samedi 10 octobre 1722. Déclaration de Pierre, fils de Jacques Gautier, citoyen, âgé de trente-cinq ans (*il en avait trente-six; mais peu importe*), lequel a dit et déclaré que dans le mois de juin, en allant à Meyrin (*village à une lieue de Genève*), il trouva deux hommes qui étaient dans le grand chemin, vis-à-vis un pré d'icelui déclarant; et que comme il lui sembla qu'ils voulaient entrer dans ses prés, il leur dit : « Ménagez un peu nos prés »; que sur cela, un de ces hommes qu'il a reconnu ensuite être le sieur Rousseau fils, le coucha en joue; ce qui obligea icelui déclarant de lui dire qu'il allait chercher des gens à Meyrin pour le reconnaître. Et étant allé au galop à Meyrin, il y prit des paysans qu'il amena vers son pré, qu'il avait montré de la main aux dits deux hommes. Mais il ne les trouva plus.

Qu'ensuite, le jour d'hier, vers les deux heures après midi, icelui déclarant étant allé pour parler au sieur Rilliet, procureur, il vit un homme qu'on lui dit être le sieur Rousseau fils, qui l'aborda et le regarda sous le nez pendant quelque temps; et sur ce qu'icelui déclarant lui ayant dit : « Vous me regardez bien : voulez-vous m'acheter? » il lui répondit : « N'est-ce pas vous qui vouliez me mener à Meyrin? » Et icelui déclarant lui ayant dit : « Vous vouliez bien faire une jolie action! » le dit Rousseau le prit sur-le-champ par le bras, et le mena à quelques pas, et lui dit : « Ne dites mot : venez, sortons de la ville, et nous déciderons cela avec l'épée. » A quoi icelui déclarant lui ayant répondu *qu'il avait mis quelquefois l'épée à la main* [1], *mais qu'avec les gens de sa sorte il ne se servait que de bâtons* : sur quoi, le dit Rousseau tira son épée, et lui frappa un coup à la joue, dont il nous a fait voir la blessure; et icelui déclarant ayant sur-le-champ tiré l'épée, il fit réflexion qu'il ne devait pas le frapper; ce qui le porta à la remettre dans le fourreau; et plusieurs personnes étant survenues, on les sépara. Le dit Rousseau s'en alla, de même qu'icelui déclarant.

Sur la plainte du capitaine Gautier, on procéda à une information; sept femmes ou filles furent entendues comme témoins sur ce qui s'était passé le 9 octobre dans la rue des Orfèvres, où avait eu lieu la rencontre. Le magistrat ne s'occupa pas de ce qui avait été le point de départ de la querelle : l'altercation qui avait eu lieu près de

---

1. En 1708, pendant qu'il était au service, en Saxe, Pierre Gautier avait été mis aux arrêts pendant quelques mois, pour avoir contrevenu à l'édit qui défendait les duels. Son oncle, le syndic Gautier, sollicita en sa faveur l'intervention du Conseil de Genève, qui écrivit au roi Auguste, et obtint la levée des arrêts.

Meyrin, quelques mois auparavant. Dans les dépositions qui furent recueillies, il faut relever quelques détails qui complètent le récit qu'on vient de lire :

M. Gautier tira son épée et cria : « Tout beau ! tout beau ! Témoins ! » et se reculait, le sieur Rousseau avançant ; après quoi M. Rilliet, procureur, étant sorti de sa boutique, s'avança et les sépara. Et icelle déposante Françoise Deville ayant parlé ensuite au sieur Rousseau et lui ayant demandé d'où venait qu'il avait frappé, il répondit qu'il fallait bien qu'il se défendît contre un homme qui le menaçait de lui donner des coups de bâton....

Le sieur Rousseau dit (*au milieu de la querelle*) : « Écoute, tu t'en souviendras : je suis Rousseau ! » répétant à plusieurs fois ces mots : « Je suis Rousseau ! »

La demoiselle Deville criait : « Au secours ! N'y a-t-il personne pour séparer ces gens ? » Elle dit ensuite au sieur Rousseau qui passait, que c'était une chose indigne d'avoir traité M. Gautier de cette manière....

Le sieur Rousseau avait l'épée à la main ; et le sieur Gautier en reculant tirait la sienne, et disait : « Je vous prends à témoin ! » Le dit sieur Gautier avait déjà reçu un coup au visage, et saignait....

La querelle avait eu lieu le vendredi 9 octobre ; à la suite de la plainte portée par le capitaine Gautier, les témoins comparurent le samedi 10 et le mardi 13. On assigna Isaac Rousseau, qui ne jugea point à propos de se présenter. Le samedi 17, un magistrat de police alla chez lui, au quartier de Saint-Gervais, pour le chercher et le conduire en prison : mais déjà le dimanche 11, il avait été assez prudent pour quitter le territoire de la République : la frontière était à quelques pas de la ville.

Après un mois écoulé, le prévenu n'ayant pas répondu aux assignations qui lui avaient été adressées par un huissier parlant à la personne de son père David Rousseau, le Conseil procéda au jugement du contumax, et Isaac Rousseau fut condamné à venir dans la salle du Conseil demander pardon, genoux en terre, à Dieu, à la Seigneurie et au sieur Gautier, des excès par lui commis, à trois mois de prison en chambre close, à cinquante écus d'amende, et aux dépens.

Nous venons de voir comment les documents authentiques racontent cette aventure. Le narré du capitaine Gautier est confirmé par tous les témoins, qui le développent sans le contredire en aucun point. Écoutons maintenant le récit que Jean-Jacques tenait de son père :

Mon père eut un démêlé avec un M. Gautier, capitaine en France, et apparenté dans le Conseil. Ce Gautier, homme insolent et lâche, saigna du nez, et pour se venger, accusa mon père d'avoir mis l'épée à la main dans la ville. Mon père, qu'on voulut envoyer en prison, s'obstinait à vouloir que, selon la loi, l'accusateur y entrât aussi bien que lui : n'ayant pu l'obtenir, il aima mieux sortir de Genève et s'expatrier pour le reste de sa vie, que de céder sur un point où l'honneur et la liberté lui paraissaient compromis.

Les témoignages qui ont été relatés plus haut permettent au lecteur de contrôler les dires de Rousseau, et d'apprécier jusqu'à quel point il a été partial.

Il est vrai que Pierre Gautier avait un proche parent dans le Conseil ; son oncle Pierre Gautier, qui avait été premier syndic à plus d'une reprise. Il y comptait en outre trois cousins issus de germain, et d'autres parents plus éloignés. Son grand-père maternel avait été syndic, de même que deux de ses trisaïeuls, deux de ses quartaïeuls, etc. Quarante ans plus tard, un ami d'Isaac Rousseau, Marcet de Mézières, écrivait à Jean-Jacques :

Il faut, mon cher ami, que je vous instruise d'un fait : votre livre *Sur l'origine de l'inégalité des conditions*, dédié à nous tous, grands et petits, n'a pas eu le bonheur de plaire aux premiers. En effet, est-il naturel de supposer quelque égalité entre des individus dont les uns comptent deux ou trois générations de syndics dans leurs familles, — et les autres, cinq ou six d'horlogers et autres artisans honnêtes?... Mon cher Jean-Jacques, pardonne le griffonnage d'un ancien ami de ton père.

Le mot de Marcet de Mézières, sur ceux qui comptent dans leur famille plusieurs générations de syndics, et sur ceux qui n'y voient que plusieurs générations d'horlogers, s'appliquait littéralement à Pierre Gautier et à son adversaire. Mais tout juge impartial eût reconnu qu'Isaac Rousseau avait été l'agresseur, et s'était rendu coupable d'un acte de violence qui ne devait pas rester impuni.

Quant à cette prétention de vouloir que son adversaire entrât en prison en même temps que lui, elle se référait à l'article 11 des Franchises octroyées en 1387 à la cité de Genève par l'évêque Adémar. Cet article ne permettait pas de procéder contre un laïque par enquête faite d'office : il fallait un dénonciateur qui se portât partie contre lui, qui comme lui donnât caution, ou fût emprisonné comme lui [1].

Cette procédure sentait son moyen âge. Quand vinrent les temps modernes, elle était trop ancrée

---

1. « Laïci vero..., nec sine denunciatione vel accusatione legitimis, capi possint nec debeant, dum tamen fidejubeant, nec *per inquisitionem ex officio* nec aliter *possit procedi contra eos sine denunciatore vel accusatore. Et denunciator seu accusator eodem modo fidejubeat vel capiatur.* »

dans les coutumes genevoises pour être écartée. Mais la poursuite d'office, qui n'était pas admise par les franchises de la cité épiscopale au XIVe siècle, fut introduite par les édits de la République au XVIe et au XVIIIe siècle. La jurisprudence qui s'établit à cet égard a été exposée par Jean-Jacques Rousseau lui-même, avec une netteté parfaite, dans la huitième des *Lettres de la Montagne* :

Un homme peut être constitué prisonnier de trois manières. L'une, à l'instance d'un autre homme qui fait contre lui partie formelle. — C'est justement ce qu'avait en vue Isaac Rousseau; mais Pierre Gautier avait déclaré « qu'il ne lui faisait pas partie », et il avait en effet le droit de s'y refuser, aux termes des édits de 1568, titre XII, article premier : « Que nul ne sera contraint, ni tenu à se rendre partie ou dénonciateur, pour raison d'offense, ou injure réelle ou verbale à lui faite... ».

La seconde, étant surpris en flagrant délit, et saisi sur-le-champ. — Nous avons vu que la police n'avait pas mis la main sur Isaac Rousseau qui, après la bagarre, s'en alla sans être arrêté.

Et la troisième, d'office, par la simple autorité du magistrat. — Voilà notre affaire. D'après les édits de 1568, les quatre syndics étaient les seuls magistrats compétents à cet effet. Mais, d'après les édits civils approuvés en Conseil général le 3 octobre 1713, le droit d'emprisonner appartenait aussi au Lieutenant et aux Auditeurs (articles 4 et 7 du titre XII). C'est un Auditeur qui alla chercher Isaac Rousseau pour le conduire en prison [1], et son arrestation eût été régulière ; mais il avait pris le large.

On se demande d'où vint le retard qu'on mit à le faire comparaître. Sans doute, l'autorité prévoyait assez ce qui allait se passer : qu'Isaac Rousseau, en s'échappant, se condamnerait luimême à l'exil. C'était une solution comme une autre, et peut-être la meilleure de toutes, dans la pensée des magistrats. La ville serait ainsi débarrassée d'un homme d'un caractère difficile et violent, qui peut-être avait déjà fait d'autres frasques encore, dont il n'est pas resté de trace écrite.

Quand le fils d'Isaac Rousseau, quand l'auteur d'*Émile* fut décrété de prise de corps par le Parlement de Paris, en juin 1762, on usa du même procédé à son égard. On eût pu le saisir, on se garda bien d'en rien faire. Les quatre huissiers

---

1. J'ai publié toutes les pièces de la procédure dans un mémoire qui figure au tome XXIII du *Bulletin de l'Institut genevois*.

qui étaient chargés de mettre la main sur lui, le
saluèrent en souriant, quand leur carrosse rencontra son cabriolet : arrivés à son domicile, ils
constatèrent officiellement son départ.

A la mort de Suzanne Bernard, la mère de
famille avait été remplacée auprès de ses enfants
par son aimable belle-sœur : le foyer était
demeuré. Mais quand le père fut parti pour
l'exil, la famille se dispersa. Isaac Rousseau, qui
s'établit à Nyon (petite ville du pays de Vaud, au
bord du lac Léman, à trois lieues de Genève), ne
songea pas à prendre ses fils avec lui; il les laissa
aux soins de son beau-frère Bernard, et se déchar-
gea ainsi assez gaillardement de ses devoirs paternels, donnant à Jean-Jacques, comme l'a très bien
dit M. Dufour-Vernes, un exemple qui ne sera que
trop suivi.

Le fils aîné, François Rousseau, qui avait
dix-sept ans, et qui apprenait avec son père l'état
d'horloger, fut placé auprès d'un autre maître
pour terminer son apprentissage. L'acte notarié
qui fut passé à cette occasion est daté du mercredi 21 octobre : dix jours après la fuite d'Isaac.
Jean-Jacques fut placé à la campagne, chez le
pasteur d'un petit village, au pied du Salève.

Nature impressionnable et mobile, en quittant à
dix ans le foyer paternel, Jean-Jacques Rousseau
entrait dans le cours accidenté d'une jeunesse où
se succédèrent beaucoup d'influences diverses;
son éducation interrompue recommença à plus
d'une reprise, sans jamais s'achever. Mais la fuite
de son père marque le moment où s'arrêta sur lui
l'action de la famille.

Chercher à ressaisir cette action dans sa source
la plus haute et lointaine, presque inaccessible,
dans les traditions et les caractères des aïeux;
noter les ressemblances que peut avoir un fils avec
un père, une mère, avec des grands-parents, que
nous connaissons en définitive si peu, c'était bien
conjectural, c'était une de ces entreprises qui lais-
sent à peine espérer un demi-succès : il faut se
tenir pour content d'avoir posé quelques points de
repère.

Une chose au moins est certaine : Rousseau
est un enfant des classes moyennes de la société
genevoise; il appartient par toute son ascendance
à de très bonnes et anciennes familles. Ses quatre
bisaïeuls étaient bourgeois de Genève : un horloger, un maître tanneur, un marchand drapier, un
homme de loi. Et si, de plusieurs côtés, on arrive
en cherchant ses origines à des familles de pay-

sans, sur d'autres points du tableau généalogique on trouve, au nombre de ses ancêtres ou de ses collatéraux, des membres de la plus haute aristocratie de Genève, qui ont occupé dans la ville les magistratures suprêmes au XIVe, au XVe, au XVIe, au XVIIe, au XVIIIe siècle.

« Le caractère genevois est comme une tonsure », a-t-on dit ; et les détails donnés plus haut sur cette discipline locale, qui ressemblait à celle d'un séminaire, aideront à le comprendre. Mais cette originalité peut avoir des conséquences inattendues et fâcheuses. De même qu'un prêtre, s'il perd son intégrité, est beaucoup plus abaissé qu'un autre, un enfant de la bourgeoisie genevoise peut tomber très bas s'il ne garde pas son rang. Les égarements de sa jeunesse ont fait marcher Rousseau dans la boue ; et il y serait resté, s'il n'avait trouvé sur sa route des personnes de cœur qui ont eu pitié de lui et lui ont tendu la main. Il était né bourgeois, mais il s'est laissé déchoir, et c'est pourquoi il est du bas peuple par quelques côtés de son caractère.

CHAPITRE X

LES ANNÉES D'ÉTUDE ET D'APPRENTISSAGE

J'ai eu beau jeu, dans les chapitres qui précèdent, à développer ce que l'auteur des *Confessions* a dit de ses parents dans quelques paragraphes rapides. *Mon père partit pour Constantinople... il revint* : j'ai pu écrire sur cette ligne quinze pages de commentaires, parce qu'en vérité nous connaissons beaucoup mieux que Jean-Jacques l'histoire de sa famille.

Mais quand il entre lui-même en scène, et raconte ses souvenirs au lieu de parler par ouï-dire, c'est tout autre chose. Nous ne pouvons plus que l'écouter et le suivre, corriger çà et là des erreurs qui lui sont échappées, corroborer ou rectifier ses dires, en citant quelques pièces d'archives;

de temps à autre, nous arrêter pour verser des renseignements abondants au dossier de tel et tel personnage, le pasteur Lambercier par exemple, qu'il n'a connu qu'à telle époque, et qu'il a perdu de vue ensuite, tandis que nous pouvons jeter un regard sur toute la carrière de cet ecclésiastique.

M. Lambercier avait quarante-six ans, et sa sœur Gabrielle allait en avoir quarante, quand ils acceptèrent l'offre qui leur fut faite de recevoir comme pensionnaires, au presbytère de Bossey qu'ils habitaient ensemble, le jeune Rousseau et son cousin Abraham Bernard.

Fils d'un maître passementier, d'origine neuchâteloise, Jean-Jacques Lambercier avait fait ses études à l'Académie de Genève, où il était entré en même temps qu'Abauzit. Après sa consécration au saint ministère, il avait été appelé à remplir les fonctions pastorales dans une église des vallées vaudoises du Piémont. Il fit un séjour de deux ans dans cette contrée de montagne, et revint ensuite au pays, où, après un stage dans le modeste emploi de lecteur des prières du soir à la cathédrale de Saint-Pierre, il fut nommé pasteur de la paroisse rurale de Bossey, dans un site riant, au pied du Salève ; il y passa le reste de sa vie. Sa famille était venue s'y établir avec lui ; il y vit mourir son père et sa mère ; il restait seul avec sa sœur.

Ces presbytères de campagne semblent être des nids tout préparés pour le bonheur, si le bonheur est dans une vie qui s'écoule tranquille et lente. Mais au village comme ailleurs, il y a de méchantes gens, des langues venimeuses. M. et Mlle Lambercier l'éprouvèrent. Nous trouvons un écho des bruits qui coururent alors, dans un pamphlet du curé de Confignon, M. Benoît de Pontverre, où ce controversiste catholique a crayonné le portrait satirique de quarante membres du clergé de Genève, à chacun desquels il fait tenir un discours ridicule. Voici celui qui nous intéresse :

LAMBERCIER,

PASTEUR.

Ayant prêché quelque temps chez les Vaudois, quelques médisants d'entre eux sont venus dire à nos Seigneurs que je n'y avais pas fait plus de fruit que le ministre Tendon, dans la vallée de Saint-Martin ; si bien qu'ils m'ont confiné dans un village, où je me désennuie comme je puis avec ma sœur : ne sachant que faire, j'ai soin de me trouver tous les matins à sa toilette, de la peigner, coiffer, et de lui attacher ses colifichets ; et quand je vais me promener, comme je n'ai pas de quoi entretenir deux chevaux, je la porte en trousse derrière moi. Cela fait rire la moitié de mon peuple, et scandalise l'autre, qui craint pour ma sœur le funeste sort de l'infortunée Thamar. Il n'y a pas même longtemps qu'un de mes paroissiens de Neydens, mon annexe, voyant passer dans le grand chemin le Procureur fiscal de l'évêché de Genève, lui dit qu'il serait à souhaiter qu'il eût juridiction sur les ministres : car le nôtre, ajoutat-il, fournirait bien la matière à une de vos remontrances. *Malheur à l'homme par qui le scandale arrive*[1]*!*

On sait que Thamar fut une des filles de David et que son frère Amnon l'aima d'un amour coupable. Qu'on se rappelle maintenant ce que dit Rousseau de Mlle Lambercier, et du mauvais chemin que prit l'imagination de l'adolescent après qu'elle l'eut battu de verges : on reconnaîtra que la pauvre demoiselle jouait de malheur. Elle menait une vie très innocente et

1. *Motifs de la conversion de Noble Minutoli, proposant de l'Académie de Genève, avec les caractères de quarante ministres de la même Académie,* Modène, 1714. — Dans la seconde édition de cet ouvrage (Fribourg, 1720), le portrait de M. Lambercier a été récrit, et est tout changé; la sotte calomnie que M. de Pontverre avait eu le tort d'accueillir dans le premier texte, a disparu. L'auteur fait dire simplement à M. Lambercier : « Messeigneurs.... m'ont confiné dans un village, où je m'occupe à la lecture de quelques romans, pour servir de délassement à mon oisiveté; et pour désennuyer ma sœur, je lui raconte de temps en temps la fable de nos élus, cachés dans les rochers de ce pays (*les vallées protestantes du Piémont*) comme aussi quelques traits de l'histoire des Vaudois.... »

vertueuse; et à propos d'elle, des idées saugre-
nues et malséantes germaient çà et là dans les
têtes. A qui la faute? A la malignité humaine,
sans doute; peut-être aussi, nous allons le voir, à
quelques maladresses du frère et de la sœur.

La tâche d'un pasteur de campagne est plus
malaisée qu'on ne l'imagine. Il lui faut ménager
les notables, et se garder d'indisposer les paysans.
Parmi les paroissiens, combien n'y a-t-il pas de
personnages incommodes ou ombrageux! C'est
assez de deux ou trois mauvaises têtes pour troubler le calme et susciter de fâcheuses affaires.
C'est ce qui arriva à Bossey. Le registre du Conseil nous renseignera abondamment :

10 janvier 1713. M. le Premier a dit que spectable
Jacob Bordier fut le voir, la semaine dernière, en qualité
de Modérateur, de la part de la vénérable Compagnie,
pour lui représenter que s'étant répandus divers bruits
sur faits graves et scandaleux, contre la personne et le
ministère de spectable Lambercier, pasteur de Bossey,
lesquels leur ont paru portés à tel point qu'il n'est plus
possible qu'il continue son ministère avec fruit, qu'on
n'ait approfondi la vérité des dits faits pour sa justification, ou autrement pourvoir ainsi qu'il conviendra;
que sur cela, la vénérable Compagnie croyait qu'il y
avait lieu d'ordonner un transport, soit visite, d'un ou
deux seigneurs de céans, avec un des spectables pasteurs, pour aller au dit Bossey et autres lieux, s'informer

suivant les Ordonnances ecclésiastiques, et rapporter, d'autant plus que le dit spectable Lambercier sollicite cette procédure et la croit nécessaire, tant pour sa justification que pour l'édification publique.

30 janvier 1713. Noble François Mestrezat, ancien syndic, a rapporté qu'en suite de la commission à lui donnée le 10 de ce mois, il fut hier (avec spectable Antoine Léger, pasteur) à Bossey, où tous les paroissiens de Moisin, Neydens, Troinex, Landecy et dépendances avaient été mandés, aux fins de procéder à l'information arrêtée, concernant la personne et ministère de spectable Lambercier; qu'après le sermon fait par le dit spectable Léger, ils avaient arrêté dans l'église les chefs de famille, et les avaient sommés de dire et déclarer avec liberté tout ce qu'ils savaient contre la personne et le ministère du dit Lambercier; qu'alors il n'y eut nulles plaintes à cet égard; mais qu'en ayant ensuite sommé plusieurs en particulier, et les seigneurs capitaines Grenus et Jean Caille, il leur avait paru que le bruit sur la grossesse et l'accouchement de la demoiselle Lambercier était mal fondé; et qu'une Savoyarde, nommée Dureplat, en était l'auteur; qu'au surplus, le dit spectable Lambercier est chargé et suspect de négligence à visiter les malades, à se préparer pour prêcher; de diverses familiarités indécentes avec sa sœur; de baptiser en chambre, tant à Bossey qu'à Troinex, d'avoir souvent manqué d'aller prêcher à Neydens; de faire trop souvent des paraphrases au lieu de sermons; d'avoir un procédé qui le rend suspect de fierté et de présomption; et en général, d'avoir, par tous ces défauts et négligences, perdu la considération où doit être un pasteur pour que son ministère produise du fruit, et soit en édification.

De quoi opiné, il a été dit qu'il y aurait lieu d'attendre l'avis de la vénérable Compagnie.

14 février 1713. Spectables Jean Sartoris, pasteur et modérateur, et Antoine Léger, pasteur et professeur, députés de la vénérable Compagnie, ayant demandé l'entrée, le premier a représenté qu'ils étaient chargés l'un et l'autre par leur Compagnie de rapporter au magnifique Conseil ses réflexions et ses sentiments sur les accusations et reproches élevés contre la personne et le ministère de spectable Lambercier, qui ont donné lieu au transport et visite faite à Bossey, à ce sujet, par Noble Mestrezat, et spectable Léger, qui ont chacun fait leur rapport à leur corps.

Sur quoi, le dit spectable Sartoris a dit que comme l'Apôtre exige d'un pasteur qu'il soit irrépréhensible, il veut aussi qu'on ne se porte pas à accuser, ni à recevoir des accusations légèrement contre un pasteur; que c'est en suivant cet esprit que la Compagnie a examiné la conduite de spectable Lambercier, sur toutes les accusations et reproches qu'on a élevés contre lui; qu'ils sont persuadés que M. l'ancien syndic Mestrezat aura rapporté au Conseil, comme le dit spectable Léger l'a fait à la Compagnie, que leur visite et information faite à Bossey était dans le fond toute favorable à la justification du dit Lambercier, puisqu'aucun des chefs de famille de cette église n'avait rien dit au préjudice de leur pasteur, lorsque les dits députés les sommèrent de s'ouvrir avec liberté sur tout ce qu'ils sauraient contre lui; et que même les sieurs Amy et Pierre Perdriau, et les sieurs Baulacre et Jaquet, paroissiens de la dite église, lui avaient rendu, tant alors que depuis, de bons témoignages. Qu'il est vrai que dans la suite, quelques particuliers, savoir les sieurs capitaine Grenus, Jean Caille et deux ou trois femmes, avaient fait quelques plaintes, et que le dit sieur Grenus même avait remis un long mémoire au dit Noble Mestrezat, contenant divers faits contre le dit Lambercier; mais que la Compagnie, s'appliquant à l'examen de ces plaintes et de ce mémoire, et ayant même ouï le sieur Lambercier sur ces faits, il lui avait paru :

1° Que les plaintes des sieurs Grenus et Caille étaient plutôt l'effet de quelques démêlés particuliers sur des intérêts civils, que des chefs qui intéressent son ministère; et que leur passion contre le dit Lambercier est notoire;

2° Que ce mémoire, qui fut remis à M. Mestrezat secrètement par le sieur Grenus, porte des caractères de réprobation et de passion, et ne méritait nulle considération, comme étant un libelle;

3° Que les plaintes de ces femmes roulent sur de faux faits; ou sur des faits vrais, mais qui ne peuvent point fonder de plaintes; qu'il a résulté du rapport du dit spectable Léger et de tous ces examens, que le dit Lambercier n'est chargé d'aucun fait grave, ni crime; qu'il ne peut être repris que de quelques imprudences, négligences, ou indécences peut-être, qui ont pu donner occasion à ces mécontentements et plaintes [et] qu'on peut attribuer plutôt au défaut de monde et d'éducation du dit Lambercier qu'à de mauvaises intentions ou mœurs, ou qu'à quelque défaut essentiel; que le sentiment de la vénérable Compagnie est qu'il y a lieu, sans procéder plus outre, d'adresser au dit Lambercier des avertissements et des exhortations unies et fortes sur sa conduite passée, sur son peu de prudence et de discrétion à quelques égards, sur ce qu'il s'est licencié de baptiser des enfants dans la chambre à Bossey, sous prétexte qu'on tolère cette conduite dans les villages éloignés où il n'y a point de temple; et en général, de ce qu'il n'a pas pris soin de se conserver la considération et l'estime convenables à un pasteur; qu'il sera exhorté d'étudier et de se préparer pour ses sermons, et d'éviter toutes les occasions dont on pourrait mal penser, et toutes indécences, d'être plus humble et plus doux envers tous les paroissiens, et tous autres avec qui il peut avoir à faire; et qu'ils supplient le Conseil d'entrer dans les sentiments de la vénérable Compagnie, laissant au surplus à l'équité du Conseil à réfléchir, suivant l'esprit de l'article 19 des Ordonnances ecclésiastiques, sur la témérité de ceux qui ont élevé des accusations graves et atroces contre ce pasteur, sans aucun fondement, et sur la nécessité qu'il y a, pour le maintien de la réputation des personnes d'un caractère public, à réprimer une semblable licence.

Après quoi, les dits spectables députés se sont retirés; et étant opiné sur le tout, l'avis a été de faire appeler céans le dit spectable Lambercier, pour être grièvement censuré, avec exhortation de se mieux conduire à l'avenir, de manière qu'il n'y ait plus de plaintes contre lui, ni reproches à lui faire.

On admonesta donc le pasteur Lambercier. Il appartenait à une famille très modeste [1]; l'affaire, j'imagine, aurait pris une autre tournure, si comme ses ennemis les seigneurs capitaines Grenus et Jean Caille, M. Lambercier avait eu des parents dans le Conseil. Nous avons heureusement un critérium décisif pour déterminer notre jugement sur les accusations qu'on avait lancées contre lui.

1. Galiffe, *Notices généalogiques sur les familles genevoises,* t. VII, p. 292 et suiv.

L'organisation de l'église de Genève permettait à la Compagnie des pasteurs de tirer d'affaire un de ses membres quand il avait manqué de tact dans sa conduite, et s'était mis à dos ses ouailles. Elle lui donnait une autre paroisse, tout simplement; et comme un homme averti en vaut deux, l'ecclésiastique, une fois installé dans un milieu nouveau, et mis en garde contre les défauts qui l'avaient fait échouer dans son premier poste, pouvait devenir un pasteur modèle, et faire les délices de son troupeau. Mais il était alors bien établi qu'au jugement de ses anciens et de ses pairs, le ministère du pasteur ainsi déplacé n'avait pas eu de bons fruits dans la paroisse qu'il avait dû quitter. — Au contraire, voyait-on se raffermir une situation ébranlée un moment, et le soleil briller après un petit orage, le pasteur demeurait en charge; et cela seul montrait le peu de valeur des plaintes qui avaient été portées contre lui. Ainsi pour M. Lambercier, qui, pendant vingt-cinq ans après l'échauffourée dont nous venons de parler, prolongea à Bossey son long pastorat.

Les enfants savent tout voir, et leur œil est perçant. On disait au moyen âge : *ex oculo pueri noli tua facta tueri*. Eh bien! Jean-Jacques Rousseau, qui passa deux années chez le pasteur de

Bossey, n'a rien aperçu qui se rattachât aux difficultés que M. Lambercier avait traversées et dont le registre du Conseil nous a donné le détail. Tout cela était effacé et oublié; la considération qui entourait M. Lambercier était complète.

Je n'ai que peu d'observations à faire sur le séjour que Jean-Jacques a fait au village. Je signale en note un post-scriptum assez insignifiant à l'anecdote du noyer qu'il aida à planter dans la cour du presbytère [1]; et je relève dans son récit un passage qui nous fournit une date :

Le derrière de Mlle Lambercier, par une malheureuse culbute au bas du pré, fut étalé tout en plein devant le roi de Sardaigne, à son passage. Je fus spectateur de la culbute, et je ne trouvai pas le moindre mot pour rire à un accident qui, bien que comique en lui-même, m'alarmait pour une personne que j'aimais comme ma mère.

C'est le mercredi 23 août 1724, que le roi de Sardaigne, avec le prince et la princesse de Pié-

---

1. On lisait dans le *Journal de Genève* des 26 juin et 3 juillet 1828 : « M. Martin, ébéniste à la Taconnerie, a fait emplette du noyer qui jadis fut planté à Bossey par Jean-Jacques Rousseau, et dont il est fait mention dans les *Confessions*. M. Martin possède toutes les attestations nécessaires des autorités locales de la dite commune, pour constater la réalité de ce fait. Il vendra ce bois, ou en fera les meubles qu'on pourrait lui commander. »

mont, allant de Thonon à Pommier, pour se diriger ensuite sur Annecy, passa le long de la montagne du Salève, salué par le canon de la place de Genève. Rousseau et son cousin étaient donc encore à Bossey dans l'été de 1724. Huit mois après, le 26 avril 1725, les parents de Jean-Jacques le plaçaient en apprentissage chez le graveur Abel Du Commun. Dans cet intervalle de huit mois, il faut loger la fin du séjour de l'enfant à Bossey, le temps qu'il passa chez son oncle sans occupation suivie, et un essai d'apprentissage chez le greffier Masseron. Nous sommes ainsi en mesure de rectifier ce que dit Rousseau : « De retour à Genève, je passai deux ou trois ans chez mon oncle, en attendant qu'on résolût ce que l'on ferait de moi.... Ainsi se perdait en niaiseries le plus précieux temps de mon enfance. » Ces *deux ou trois ans* se réduisent à quelques mois de l'hiver 1724-25.

Abel Du Commun n'avait que vingt ans. L'oncle de Rousseau, Gabriel Bernard, en choisissant ce jeune maître pour lui confier son neveu, se conduisit en homme léger : il aurait dû placer Jean-Jacques chez un homme d'un âge mûr, d'un caractère sûr et éprouvé, de sens rassis. Du Commun appartenait à une bonne famille [1]; il avait un bon métier, il vécut dans une époque prospère, et il mourut à l'hôpital : il avait sans doute d'autres défauts encore que ceux dont Rousseau a parlé dans les *Confessions*.

Le contrat d'apprentissage était conclu pour cinq ans :

… pendant lequel temps le sieur Du Commun promet d'apprendre au dit Rousseau, apprenti, sa profession de graveur dont il se mêle, sans lui en rien cacher, en tant toutefois que le dit apprenti le pourra comprendre; et demeure aussi chargé de nourrir et coucher le dit apprenti pendant le dit temps, et l'élever et instruire en la crainte de Dieu et bonnes mœurs, comme il est convenable à un père de famille.

Ce qui a été ainsi convenu, moyennant la somme de trois cents livres, et deux louis d'or d'épingles. Le sieur Bernard demeure garant de la fidélité du dit apprenti, et qu'il n'absentera point le service de son maître sans congé et cause légitime, à peine de tous dépens, dommages et intérêts qui à ce défaut s'en pourraient ensuivre [2].

Cette dernière clause du contrat sortit son effet, quand Jean-Jacques quitta son maître au milieu de son apprentissage, après avoir passé chez lui près de trois ans. Sur cette période de sa vie, les registres conservés aux archives de Genève

1. Galiffe, *Notices généalogiques sur les familles genevoises*, t. VII, p. 130 et suiv.
2. Grenus, *Glanures*, Genève. 1830, p. 119.

n'ajoutent que bien peu de chose à ce qu'il raconte dans les *Confessions*. Ils nous fournissent, par exemple, quelques renseignements sur la Tribu, qui lui louait des livres; et ce que nous pouvons recueillir ainsi concorde bien avec ce qu'il a dit d'elle.

En 1717, le Consistoire avait entendu un mari se plaindre des mauvaises lectures qu'elle faisait faire à sa femme :

> Il surprit, dit-il, sa femme à avoir sur elle le livre qui a pour titre : *le Jésuite en belle humeur* [1]; et a soutenu que sa femme payait trois florins par mois à la Tribu, pour lui prêter des livres de cette espèce.

Le Consistoire ouvrit une enquête, et s'assura que ce « livre impur » ne venait pas de la boutique de la Tribu. Celle-ci soumit au pasteur Gallatin le catalogue — *le catalogue complet?* — de son cabinet de lecture; et le digne ecclésiastique n'y trouva pas d'ouvrage dont la lecture dût être défendue.

Dix ans après, le Consistoire jeta de nouveau un regard sur cette loueuse de livres : c'était

---

1. Le *Manuel du libraire*, de Brunet, n'indique qu'une édition postérieure de cet ouvrage : *les Jésuites et les moines en belle humeur*, Cologne, Pierre Marteau, 1725, in-12.

l'époque même où le jeune Rousseau, âgé de quatorze ans, « épuisait sa mince boutique ».

Registre du Consistoire, 13 février 1727. On a rapporté que la fille Tribu introduit chez elle des jeunes gens pendant les catéchismes et les sermons ; l'avis a été de l'appeler.

20 février. M. le pasteur Léger a rapporté que la fille Tribu l'était venue voir, et l'avait assuré qu'elle n'avait point attiré chez elle des jeunes gens pour jouer, mais pour leur vendre des livres ; qu'elle priait qu'on l'exemptât de comparaître, et qu'elle promettait de ne plus donner lieu dans la suite à ces plaintes contre elle.

Arthur Schopenhauer, à l'âge où Rousseau vivait chez le graveur Du Commun, était comme lui en apprentissage ; son père l'avait placé dans le bureau d'un négociant de Hambourg, et il y demeura plus de deux ans. Jean-Jacques et lui perdirent ainsi chez leurs patrons quelques années d'adolescence ; mais leur originalité à tous deux n'a fait que gagner, par suite des circonstances qui les ont écartés pour un temps de la voie habituelle et normale des études littéraires. Quand ils les ont reprises, Schopenhauer après un court intervalle, Rousseau après quatorze ans — c'est le temps qui s'écoula entre Bossey et les Charmettes, — ils s'y remirent avec un élan que les meilleurs écoliers ne connaissent guère.

Rousseau travailla ainsi neuf cents jours environ dans un atelier de graveur. Le maniement du burin lui donna une belle écriture [1]; seul avantage qu'il ait retiré de ce long temps passé devant l'établi. Il en garda aussi quelque goût pour les jolies gravures; dans les époques où le bon état de ses finances lui permit de s'accorder quelque superflu, on le voit charger ses correspondants [2] d'enrichir le portefeuille qu'il s'était formé. On peut noter encore l'intérêt avec lequel il s'occupa, quand parut *la Nouvelle Héloïse*, des gravures qui accompagnent une des premières éditions. On a beaucoup de billets qu'il écrivit à ce sujet à son jeune ami Coindet [3].

1. Dans les manuscrits de Rousseau, il y a deux écritures bien distinctes : l'une est menue, rapide et serrée, quand sa plume courait sur le papier; et l'autre, plus grande, large et pleine, posée et nette, quand il copiait ses brouillons. Certaines lettres offrent un type intermédiaire : il les avait écrites à tête reposée, et n'avait pas eu besoin de les recopier.

2. « Lorsqu'il paraît quelques jolies estampes soit en paysages, soit en figures, je vous serais obligé de m'en choisir quelques-unes pour augmenter mon recueil. » *Lettre au libraire Duchesne*, 21 août 1763. — « J'aime extrêmement les jolies estampes; je sais que cela coûte; mais je n'en demande pas un grand nombre. Je parcours de temps en temps mon portefeuille au coin de mon feu; cela me distrait de mes maux et me console de mes misères. Je sens que je redeviens tout à fait enfant. » *Lettre au même*, 9 décembre 1763.

3. La plupart sont encore inédits. On sait que les éditeurs

A Bossey, et pendant le séjour de Jean-Jacques chez son oncle Bernard, son cousin et lui avaient vécu comme deux frères. L'amitié du jeune Abraham Bernard s'était refroidie ensuite.

Je suis persuadé, dit Rousseau, que sa mère contribua beaucoup à ce changement. Il était, lui, un garçon *du haut* [1]; moi, chétif apprenti, je n'étais plus qu'un enfant de Saint-Gervais. Il n'y avait plus entre nous d'égalité, malgré la naissance; c'était déroger que de me fréquenter.

Le présent et l'avenir pouvaient se peindre de couleurs décevantes dans l'imagination féminine de Mme Bernard, et, par reflet, dans l'esprit enfantin de Jean-Jacques. Mais le fait est que la famille Bernard, qui n'était pas noble, n'était pas même en chemin de le devenir. Le jeune Abraham n'entra point à l'Académie, ni son père au Conseil des CC : ce qui eût constitué les préliminaires

de Rousseau ont réuni, dans sa *Correspondance générale*, près de onze cents lettres; en outre, que plus de six cents, déjà publiées, sont dispersées çà et là; la part de l'inédit est peu de chose : une centaine peut-être de lettres ou de billets, sans parler de ce qui se cache encore dans quelques coins ignorés.

1. Genève est bâtie sur un coteau, et les rues qui sont au sommet étaient habitées par les familles de l'aristocratie genevoise. Le bas de la ville et le faubourg de Saint-Gervais étaient des quartiers moins *select*.

indiqués pour avancer pas à pas dans la voie des honneurs. D'ailleurs, le père et le fils partirent bientôt pour l'étranger. M. Dufour-Vernes a mis le doigt sur un point qui a échappé à Jean-Jacques : c'est que les mauvais témoignages que le graveur Du Commun a dû rendre de son apprenti, ont sans doute indisposé l'oncle et la tante Bernard.

Jean-Jacques termine le premier livre des *Confessions* en racontant la mésaventure qui le détermina à quitter son pays; et il fait à cette occasion un tableau idyllique de la vie qui eût été la sienne, si son oncle ne l'avait pas mis sous la garde d'un mauvais maître : « J'aurais été bon chrétien, bon citoyen, bon père de famille... ». C'est une page de roman. Il oublie les discordes qui ont désolé sa ville natale. En 1734, à vingt-deux ans, il eût été entraîné dans le tourbillon politique; et ce n'est pas tout : les luttes théologiques ne l'eussent pas laissé indifférent. Les Genevois de son temps ont publié des milliers de brochures; quelques-unes, assurément, eussent été de sa plume; son talent d'écrire se serait fait jour. Et si la littérature française eût perdu l'*Émile* et les *Confessions*, elle eût eu, je n'en doute pas, les *Lettres de la Montagne*, ou quelque chose d'équivalent. Elle aurait beaucoup perdu, et Rousseau n'eût rien gagné.

C'eût été pis encore, si Jean-Jacques eût été tout uniment jusqu'au bout de son apprentissage chez Du Commun : sa nature délicate se serait de plus en plus dégradée. M. Dufour-Vernes a raison de dire : « On ne peut s'empêcher de croire, malgré Jean-Jacques lui-même, que sa fuite fut un bonheur pour lui. Qu'eût-il fait dans cette ville, oublié ou renié par ses plus proches, livré aux mauvaises compagnies? La lèpre du vice n'eût pas tardé à l'envahir, étouffant les bons germes qui étaient innés en lui. »

Rousseau entrait dans l'inconnu, au risque d'avoir le sort de son frère aîné et de mourir lamentablement on ne sait où; mais il se dirigea vers de bons pays, la Savoie et le Piémont; l'accueil qu'il y rencontra fut plus hospitalier qu'il n'avait droit de l'attendre.

CHAPITRE XI

LES ANNÉES DE VOYAGE

Au coucher du soleil, le dimanche 14 mars 1728, Rousseau avait vu les portes de Genève se fermer devant lui. Il avait pris son parti aussitôt, et s'était décidé à ne pas rentrer dans la ville. Il passa brusquement dans un monde tout différent de celui où il avait vécu jusque-là. Dans la matinée du dimanche des Rameaux, 21 mars 1728, il se présenta à Mme de Warens, et son cœur et son sort furent fixés pour douze ans.

Il était sous le charme ; il se laissa conduire où l'on voulut. En quelques heures, on régla le chemin qu'il devait prendre, et, trois jours après, il était en route.

A Genève, son patron ne l'avait pas vu revenir ;

on s'informa ; ses camarades rapportèrent ce qu'il leur avait dit ; son oncle se mit en campagne et alla à sa recherche, bien mollement ; on envoya à Nyon prévenir son père Isaac Rousseau, qui ne méconnut pas complètement ses devoirs, et qui se donna quelque mouvement pour tirer son fils des dangers évidents au-devant desquels il allait se jeter.

Le lendemain de mon départ d'Annecy, dit Jean-Jacques, mon père y arriva avec un M. Rival, son ami, horloger comme lui, homme d'esprit, bel esprit même, qui faisait des vers mieux que La Motte et parlait presque aussi bien que lui ; de plus, parfaitement honnête homme, mais dont la littérature déplacée n'aboutit qu'à faire un de ses fils comédien. *(Il s'agit de Jean Rival, dit Aufresne, qui venait de naître, au mois de février 1728.)* Ces messieurs virent Mme de Warens et se contentèrent de pleurer mon sort avec elle, au lieu de me suivre et de m'atteindre, comme ils l'auraient pu facilement, étant à cheval et moi à pied.

Mon père n'était pas seulement un homme d'honneur : c'était un homme d'une probité sûre, et il avait une de ces âmes fortes qui font les grandes vertus ; de plus, il était bon père, il m'aimait très tendrement ; mais il aimait aussi ses plaisirs. Il vieillissait (*il avait cinquante-cinq ans*) et n'avait aucun bien pour soutenir sa vieillesse. Nous avions, mon frère et moi, quelque bien de ma mère, dont le revenu devait appartenir à mon père durant notre éloignement. Cette idée agissait sourdement et ralentissait son zèle, qu'il eût poussé plus loin sans cela.

Ces termes sont réservés, mais intelligibles; et ce jugement, si modéré et si sévère à la fois, paraît malheureusement équitable. Isaac Rousseau avait vu son fils François quitter le pays, ne plus donner de ses nouvelles : qu'était-il devenu? Jean-Jacques prend le même chemin; son père le laisse aller : ce n'était pas bien agir. Il y avait chez Isaac Rousseau, à l'endroit des devoirs paternels, un calus que l'hérédité a pu transmettre à son fils, d'autant plus que le grand-père, David, n'était peut-être pas sans reproche à cet égard.

Nous n'aurons plus guère à parler d'Isaac Rousseau, et, pour ne pas le quitter sous une impression tout à fait défavorable, nous noterons ici une qualité précieuse que le philosophe de Genève a certainement héritée aussi de l'horloger, son père : l'un et l'autre savaient se faire aimer. Obéissant à des défiances folles et à des accès de violence — et la violence, on peut le remarquer, n'était point étrangère au caractère d'Isaac, — Jean-Jacques Rousseau a malheureusement rompu avec beaucoup de ses amis. Mais il était si aimable qu'il les remplaçait bientôt, et en voyait de nouveaux venir à lui tous les jours. Moultou, Du Peyrou et Bernardin de Saint-Pierre lui sont demeurés fidèles jusqu'après la mort. Avec une héroïne de Corneille, il pouvait dire :

L'éloignement d'aucun ne saurait m'affliger;
Mille encore présents m'empêchent d'y songer.
Je n'en crains point la mort, je n'en crains point le change :
Un monde m'en console aussitôt, on m'en venge.

Isaac Rousseau, quand il fut établi à Nyon, y était fort aimé, au dire de son fils qui se ressentait de cette bienveillance. « Pendant le peu de séjour que je faisais près de lui, dit Jean-Jacques, c'était à qui me fêterait. » En outre, nous voyons autour d'Isaac Rousseau un groupe de jeunes amis, de vrais amis, capables de se déranger pour rendre un service, et qui n'étaient point les premiers venus : David Rival, Marcet de Mézières, et le libraire Emmanuel Duvillard, trois lettrés.

Les deux premiers avaient passé quelques années à Paris, à la fin de la Régence. Si l'on feuilletait le *Mercure de France* de cette époque, on trouverait quelques pièces de poésie dont ils étaient les auteurs. Le moins riche des deux, David Rival, est celui qui avait le plus de talent. En 1757, il adressa à Voltaire une épître : *les Torts*; ce morceau a été recueilli dans le *Commentaire historique sur les œuvres de l'auteur de la*

Henriade [1]. L'horloger David Rival, comme David Noiret, le maître de danse, était un philosophe à sa manière.

Quant à Marcel de Mézières, il habitait Coppet, où l'on voit encore, garnie de tourelles, sa maison forte de Mézières. Le voisinage de Coppet et de Nyon permettait à Marcel et à Isaac Rousseau de se voir assez facilement. Un des premiers soins de Jean-Jacques, quand il vint à Genève après ses premiers succès littéraires, fut de rendre visite à l'ancien ami de son père; et Marcel écrivait, le 6 juillet 1754, à un de ses correspondants :

Il y a aujourd'hui huit jours que le fameux Rousseau vint me voir ici, en bateau, accompagné d'un parent et de l'ami De Luc. Je le reconnus sur-le-champ, à l'air de feu son père qui était de mes amis.

Laudantur simili prole puerperæ, a dit Horace dans un vers que M. Porchat a très bien traduit :

Le fils atteste aux yeux que sa naissance est pure.

____

1. « J'avais vu, dit Voltaire, les petits vers de l'horloger de Genève; il est singulier qu'un horloger fasse de si jolies choses. Sa pendule est juste. » Lettre à M. Bertrand, 24 décembre 1757.

Mais nous nous sommes laissé entraîner, et il faut revenir en arrière, au moment où Jean-Jacques partait d'Annecy pour Turin. Les *Confessions* parlent de sept à huit jours pour ce voyage : plus de 250 kilomètres, et les Alpes à traverser; le pas d'une femme, Rousseau faisant route avec M. et Mme Sabran, demande plus de temps; et pendant les fêtes de Pâques, les voyageurs s'arrêtèrent sans doute pour faire leurs dévotions. En réalité, vingt jours s'écoulèrent depuis le départ de Rousseau, le mercredi saint, jusqu'à son entrée à l'hospice des catéchumènes de Turin [1], le lundi 12 avril 1728 [2]. Son père, qui s'était mis à sa poursuite et n'avait pas su l'atteindre, revenu à Genève, dut transiger avec Du Commun qui réclamait une indemnité pour le départ de Jean-Jacques : les dernières années de l'apprentissage qui restaient à courir, étant celles où le travail de l'apprenti prenait quelque valeur, et dédomma-

1. Cet établissement, fondé en 1652, a été supprimé par un arrêté de la municipalité de Turin du 9 mai 1873.

2. M. Gaberel (*Rousseau et les Genevois*, 1858, p. 57) indique, pour le baptême de Jean-Jacques, qui fut immédiatement suivi de sa sortie de l'hospice, le 23 avril 1728. Mais c'est une erreur; et, mieux informé, dans un autre ouvrage (*Calvin et Rousseau*, 1878, p. 155), M. Gaberel a donné le relevé du registre de l'archiconfrérie du Saint-Esprit : *Giovanni-Giacomo* Rosso, *calvinista*, abjura l'hérésie le 21 août 1728, et fut baptisé deux jours après.

geait le patron des peines qu'il s'était données
pour lui enseigner son métier. Isaac Rousseau
dut payer vingt-cinq écus pour indemniser Du
Commun.

Beaucoup de pages des *Confessions* sont de
simples récits écrits sans arrière-pensées, où l'auteur se plaît à repasser ses souvenirs de jeunesse;
mais dans le cours de sa carrière accidentée, il y
a des défilés où il se savait attendu par ses adversaires; il avait entendu plus d'une fois sans doute
l'écho des invectives de Diderot : « Cet homme
faux est hypocrite et méchant; toutes ses aposta-
sies du catholicisme au protestantisme, et du protestantisme au catholicisme, sans rien croire, ne
le prouvent que trop[1] ».

Quand le moment est venu pour Rousseau de
raconter comment il fut entraîné à abjurer la
religion dans laquelle il avait été élevé, certes il a
vu les yeux hostiles qui se pencheraient sur son
papier : n'importe, il va son chemin, il narre ce
qui s'est passé, ce qu'il a pensé. Il s'était mis
dans un mauvais pas dont il est sorti sans gloire,
il l'avoue; et quoique les moyens de contrôler ses
dires nous manquent presque absolument, son

1. *La Jeunesse de Mme d'Épinay*, par Lucien Perey et
Gaston Maugras. p. 539.

accent de sincérité et la vraisemblance des faits nous persuadent aisément. Il n'y a qu'un trait qui me suggère quelques doutes ; le voici :

Il fallut aller à l'Inquisition, dit Jean-Jacques, recevoir l'absolution du crime d'hérésie, et rentrer dans le sein de l'Église avec la même cérémonie à laquelle Henri IV fut soumis par son ambassadeur. L'air et les manières du très révérend père inquisiteur n'étaient pas propres à dissiper la terreur secrète qui m'avait saisi en entrant dans cette maison. Après plusieurs questions sur ma foi, sur mon état, sur ma famille, il me demanda brusquement si ma mère était damnée? L'effroi me fit réprimer le premier mouvement de mon indignation; je me contentai de répondre que je voulais espérer qu'elle ne l'était pas, et que Dieu avait pu l'éclairer à sa dernière heure. Le moine se tut; mais il fit une grimace qui ne me parut pas du tout un signe d'approbation.

On a remarqué dans ce récit l'étonnante interpellation de ce moine inquisiteur : *il me demanda brusquement si ma mère était damnée*, et le faux-fuyant auquel Rousseau a recours : *qu'il voulait espérer qu'elle ne l'était pas, et que Dieu avait pu l'éclairer à sa dernière heure;* — et l'on a été choqué à juste titre de cet échange d'idées.

C'est très bien; mais justement la question du moine est si révoltante, la réponse que Rousseau improvise est tellement adroite; tout ce petit dialogue, avec la grimace du moine qui le termine, est si joliment raconté, qu'on se demande s'il n'est pas arrangé avec art.

Reprenez l'entretien et retournez-le : placez question et réponse en sens inverse. Pendant que le théologien des catéchumènes expose à Rousseau la doctrine catholique et développe en particulier ce principe : « Hors de l'Église, point de salut ! » supposez que Rousseau se soit récrié : « Mais à ce compte, ma mère est damnée : vous ne me le ferez pas croire ! » Mettez alors ici, dans la bouche du théologien, l'échappatoire que nous avons vue, et que ce soit lui qui ouvre cette perspective rassurante : « Dieu est clément; il peut éclairer une âme pure à sa dernière heure... », alors il n'y a plus rien de pénible et d'inconvenant : interpellation et réponse sont naturellement amenées, elles sont à leur place, et chacun des interlocuteurs est dans son rôle.

Revenez maintenant au récit de Rousseau, et supposez que ce soit une broderie; prenez-le comme un morceau de controverse dramatisée : à ce point de vue, et littérairement, ce serait un petit chef-d'œuvre. Rien qu'en faisant miroiter la doctrine catholique sous ses aspects divers, Jean-Jacques se venge spirituellement de l'humiliation qu'on lui fit subir, des coups de baguette qui lui furent appliqués sur les épaules : car c'est à cela qu'il fait allusion en rapprochant son cas de celui du roi Henri IV, qui reçut ces coups sur les épaules de ses envoyés, D'Ossat et Du Perron, ainsi que le raconte d'Aubigné :

Clément reçut Henri IV à réconciliation, par les cérémonies curieusement inventées à cette occasion : c'est qu'il fut dressé un haut échafaud en place publique à Rome; là-dessus furent envoyés les cardinaux Du Perron et Ossat, lesquels s'étant traînés à genoux, se couchèrent de leur long, la face en bas, et, comme l'on dit, *à béchevet*. Après les réquisitions des suppliants, représentant le roi de France, le Pape, d'un siège éminent, fit lever son Pénitencier, assis plus bas; et puis on commença le psaume *Miserere mei*; à chaque couplet duquel, le Pénitencier donna d'un coup de bâton le long de la tête et de l'épaule aux deux cardinaux, à chacun son coup, jusqu'au dernier mot, qui est *vitulos*.

Ce qui s'interpréta diversement : car les uns attribuaient cela à grande repentance et humilité; les autres disaient que c'était bassesse, que la pantouffle, par là, se décrottait sur les fleurs de lys....

Rousseau a fait dans les *Confessions* maintes erreurs involontaires, sur lesquelles on peut mettre le doigt en compulsant, son livre à la main, les lettres, les registres, tous les documents de l'époque. Mais ici, d'une part, nous ne pouvons faire aucune vérification, puisqu'il n'a pas été dressé procès-verbal de l'interrogatoire de Jean-Jacques par le très révérend père inquisiteur, lequel, étant mort sans doute, quand les *Confessions* parurent, en 1780, n'a pu réclamer contre le mot qu'elles mettent dans sa bouche. D'autre part, si l'anecdote est fictive, il est clair que Rousseau, en l'écrivant, savait ce qu'il faisait.

« S'il m'est arrivé, dit-il à la première page des *Confessions*, d'employer quelque ornement indifférent, ce n'a jamais été que pour remplir un vide occasionné par mon défaut de mémoire. J'ai pu supposer vrai ce que je savais avoir pu l'être, jamais ce que je savais être faux. » — Eh bien ! la question du moine aurait pu, en vérité, être posée par lui ; il n'était pas faux de lui attribuer l'idée qu'elle exprime.

« J'écrivais, a dit Rousseau ailleurs, mes *Confessions* déjà vieux ; je les écrivais de mémoire : cette mémoire me manquait souvent, ou ne me fournissait que des souvenirs imparfaits ; et j'en remplissais les lacunes avec des détails que j'imaginais. J'aimais à m'étendre sur les moments heureux de ma vie, et je les embellissais quelquefois des ornements que de tendres regrets venaient me fournir. Je disais les choses que j'avais oubliées, comme il me semblait qu'elles avaient dû être. »

Quand l'auteur des *Confessions* a prolongé ainsi les lignes de quelqu'un des récits où il revêtait de couleurs brillantes la peinture de ses beaux jours, il l'a fait chaque fois avec tant d'aisance et d'habileté qu'on ne saurait marquer le point où, sur le narré d'événements réels, vient s'ajuster une continuation imaginaire.

Ce procédé, dans lequel Rousseau était maître, ne l'a-t-il pas employé dans le morceau des *Confessions* que j'ai cité? Je ne me dissimule pas le peu de fondement du doute que j'énonce : je ne fais que le soumettre au jugement du lecteur éclairé. —Après tout, l'anecdote peut être vraie [1] : un moine italien a pu manquer de tact, et être assez brutal pour tirer sans ménagement les conséquences de son dogme.

Dans le récit d'une autre anecdote qui se rapporte au même temps, nous avons un document qui nous permet de prendre sur le fait une de ces libertés que Jean-Jacques, de son propre aveu

---

1. Si elle est vraie, Rousseau se l'est certainement rappelée quand il a mis dans la bouche d'un païen cette réponse à un missionnaire : « Vous m'annoncez un Dieu né et mort, il y a deux mille ans.... Vous venez, dites-vous, me l'apprendre; mais pourquoi n'êtes-vous pas venu l'apprendre à mon père, ou pourquoi damnez-vous ce bon vieillard pour n'en avoir jamais rien su? » *Profession de foi du vicaire savoyard.*

s'est quelquefois permises avec ses souvenirs.
C'est cette jolie scène où il se représente à genoux
devant Mme Basile, à Turin. M. Jansen [1] a
retrouvé à la bibliothèque de Neuchâtel un de
ces papiers dont j'ai parlé, où Rousseau a tracé
son premier jet, et qu'il n'a pas détruit comme
les autres. Le récit commence *in medias res*; pour
le faire comprendre, je reprends les premières
lignes dans les *Confessions* :

*Je me jetai à genoux à l'entrée de la chambre, bien sûr
qu'elle ne pouvait m'entendre, et ne pensant pas qu'elle
pût me voir.* Mais j'ignorais qu'en la dévorant ainsi du
cœur et des yeux, elle me voyait elle-même dans une
glace à laquelle je n'avais pas songé. Elle se retourna, et
me surprit dans un transport qui me faisait soupirer en
étendant les deux bras vers elle. On ne peut rien imaginer d'égal au subit effroi dont je fus saisi, en me
voyant découvert dans cette attitude. Je pâlis, je trem-
blai, je me sentis défaillir. Elle me rassura en me
regardant d'un œil assez doux, et me montra du doigt
une meilleure place à ses pieds. On peut juger que je
ne me le fis pas dire deux fois.

Jusqu'ici, tout était peut-être assez simple; mais la
suite de ce petit manège me paraît plus étrange. C'était
là, comme on voit, une déclaration, pas équivoque de part
et d'autre, et il semblait qu'il ne pouvait plus rien manquer entre nous à la familiarité de deux amants déclarés.
Point du tout. A genoux devant elle, je me trouvais dans

1. *Rousseau als Musiker*, p. 157.

la situation la plus délicieuse, il est vrai, mais la plus contrainte où j'avais été dans ma vie : je n'osais ni respirer, ni lever les yeux; et si j'avais la témérité de reposer quelquefois la main sur son genou, c'était si doucement que, dans ma simplicité, je croyais qu'elle ne la sentait pas. Elle, de son côté, attentive à sa broderie, ne me parlait, ni me regardait. Nous ne faisions pas le moindre mouvement. Un silence parfait régnait entre nous. Mais que personne....

Cette situation paraîtra très plate à bien des lecteurs; cependant j'ai lieu à penser qu'elle ne déplaisait pas à la jeune personne; et pour moi, j'y aurais passé ma vie entière, j'y aurais passé l'éternité sans rien désirer de plus.

Que le lecteur ouvre les *Confessions* au livre II, et compare les textes : il verra que la différence va jusqu'à la contradiction. Nous venons de lire : *elle me rassura en me regardant d'un œil assez doux,...* tandis que les *Confessions* portent : *elle ne me regarda point....* Et de même, plus loin : *j'avais la témérité de reposer quelquefois la main sur son genou,...* tandis qu'on lit dans les *Confessions : je n'osai la toucher, même pour m'appuyer un instant sur ses genoux.* — N'insistons pas; il faut sourire et passer. Le récit, dans sa forme définitive, est plus rapide et élégant.

Le lecteur qui me suit dans cet exposé de mes recherches sur la vie de Rousseau, ne me demande pas assurément de lui donner un abrégé des *Confessions*; il a lu et relu ce livre séduisant, et il le connaît assez bien pour être toujours au fait, ors même que je saute vingt feuillets sur lesquels je n'ai rien à dire, afin d'arriver à un point où j'ai quelque renseignement nouveau à mettre au jour.

Plus heureux que sage, Jean-Jacques avait trouvé à Turin[1] de bienveillants protecteurs; et déraisonnablement, il leur tourna le dos. Il s'était engoué d'un nommé Bâcle, « dont j'avais été camarade, dit-il, durant mon apprentissage. Il allait partir bientôt pour s'en retourner à Genève. » Rousseau eut la folle idée de partir avec lui : ce fut un des coups de tête qui décidèrent de son avenir.

Dans la famille Bâcle, on trouve plusieurs frères; je ne sais pas bien duquel d'entre eux il s'agit; mais je penche pour l'aîné, qui avait vingt et un ans au printemps de 1729. Il était perruquier : avec ce métier, il pouvait être parti de Genève pour voir du pays, mieux que ses jeunes frères,

---

1. M. Théophile Dufour garde depuis quinze ans dans son portefeuille des documents qui permettront un jour de contrôler les souvenirs que Rousseau avait gardés de son séjour à Turin, et qu'il a idéalisés dans les pages célèbres qui précèdent la *Profession de foi du vicaire savoyard*.

qui étaient « monteurs de boîtes », et qui eussent trouvé plus difficilement de l'ouvrage hors de la ville où florissait l'horlogerie.

Le père de ces jeunes gens, Joseph Bâcle, avait eu, en 1717, une aventure qui ressemble à quelques égards à celle de Jean-Jacques Rousseau lui-même, bien que le point de départ et le dénouement aient été tout différents.

Joseph Bâcle était barbier et faisait de la petite chirurgie, comme ses confrères; sa femme était sage-femme; il demeurait à Jussy, beau village au pied des Voirons. Sa famille devenant nombreuse, sa femme était allée vivre à Genève, où elle était mieux payée qu'à la campagne; sa fille aînée l'y avait accompagnée. Cette enfant eut un jour une gracieuse idée, dont les suites furent lamentables. Laissons parler le père, en copiant le procès-verbal de son interrogatoire :

Étant à Jussy, absent de sa femme qui était établie en ville, une sienne fille qui restait (*demeurait*) avec elle, envoya à lui répondant, la veille de sa fête, un bouquet qui lui fut présenté le jour suivant au matin, et avant son lever, par sa servante; ce fut alors qu'abandonné de Dieu, il se porta à abuser de cette pauvre fille.

Dès qu'il sut qu'elle était enceinte, le désespoir lui fit prendre la résolution de se cacher, et d'aller si loin qu'on ne pût jamais savoir de ses nouvelles. Il se retira d'abord à Annecy [1], s'adressa à l'évêque et lui dit qu'il le venait prier de le vouloir éclairer. L'évêque le remit à des missionnaires qui l'ont gardé sept jours, travaillant à lui inculquer les dogmes de l'église romaine ; les disputes avaient servi à le fortifier dans la religion protestante, qu'il leur avait déclaré ne pouvoir quitter ; ils le laissèrent sortir du couvent ; il paya sa dépense.

En quittant Annecy, il a été en droiture à Preuilly en Touraine, chez un sien oncle ; sa femme, ayant été touchée du repentir qu'il marquait, lui avait écrit qu'elle lui pardonnait, et l'exhortait à revenir dans ce pays pour l'aider par son travail à soutenir et à faire subsister sa famille.

Nous ne nous attarderons pas à suivre cette affaire ; Bâcle fut banni de la ville, à perpétuité, pour crime d'adultère : en d'autres termes, renvoyé dans son village. — Mais cette digression n'est pas un hors-d'œuvre : car ces velléités d'apostasie, qui ne rimaient pas du tout avec l'accident moral arrivé à Joseph Bâcle, et qui en étaient la suite cependant, nous conduisent à mieux comprendre comment Jean-Jacques se laissa diriger, lui aussi, sur le chemin d'Annecy. Un enfant de Genève, une fois dévoyé, sortant de son pays et allant devant soi, rencontrait des convertisseurs.

1. Le curé de Meinier, village voisin de Jussy, l'avait accompagné et le présenta à l'évêque, « qui lui tendit les bras et lui fit caresse ».

Dans le présent ouvrage, je cherche à dire des choses nouvelles, à soumettre au lecteur le résultat de recherches originales. Ce plan est louable; mais il a un inconvénient qui reparaît à bien des reprises : c'est que trop souvent je n'ai rien à dire, je suis réduit au silence. Je feuillette les *Confessions* : les pages passent une à une, sans que j'aie quelque remarque à faire, quelque document inédit à produire. Il faut que le lecteur me le pardonne; qu'il se contente, en temps et lieu, d'être renvoyé aux travaux de mes confrères et collaborateurs, si je n'ai rien à y ajouter[1]; et qu'il accepte cette marche de sauterelle, qui nous amène, en l'instant où nous sommes, à rejoindre Rousseau au printemps de 1731, quand il se présente avec l'archimandrite devant les autorités de Fribourg et de Berne. Nous traduisons le texte allemand[2] des « manuaux » des Conseils de ces deux cantons suisses.

Manual du Conseil de Fribourg, lundi 16 avril 1731. Le révérend Père Athanasius Paulus, de l'ordre des saints Pierre et Paul de Jérusalem, prie de lui accorder

---

1. M. Théophile Dufour a publié dans la *Revue savoisienne* de 1878 un travail intéressant, qui a été aussi tiré à part : *Jean-Jacques Rousseau et Mme de Warens; notes sur leur séjour à Annecy, d'après des pièces inédites.*

2. *Bulletin de l'Institut genevois*, t. XXIII, p. 69.

de faire collecte, tant en la ville que sur le pays, pour
le Saint-Sépulcre.

Il sera honorablement entretenu et nourri dans l'hospice, avec son compagnon — *ce compagnon, c'est Jean-
Jacques,* — à la table des religieux, pendant un mois.
Son cheval sera logé ailleurs. Il aura une patente pour
faire collecte pendant un mois, tant à la ville de Fribourg que dans la campagne, et la chancellerie lui
paiera huit mirlitons.

Manual du Conseil de Fribourg, vendredi 20 avril 1731.
— La patente pour faire collecte, accordée au Père
Athanasius Paulus, lui sera retirée, et le présent qu'il
doit recevoir sera réduit à deux mirlitons. La dépense
sera payée, et il devra quitter le pays.

Manual du Conseil de Berne, mercredi 25 avril 1731.
— Le caissier paiera dix écus au Père Athanasius Paulus, un religieux grec qui fait une collecte pour le
rachat d'esclaves chrétiens.

Ces extraits de registres sont trop brefs; on voudrait plus de détails, mais chaque mot y a sa valeur,
et ils en disent assez pour nous édifier sur le
compte du personnage avec qui Jean-Jacques avait
jugé à propos d'aller courir le monde. De Neuchâtel où il repassa, paraît-il, après qu'à Soleure
on l'eut séparé de l'archimandrite, il écrivit à son
père une lettre qui montre bien quelle folie il y
avait eu dans son équipée :

Mon cher père, il faut vous l'avouer, je suis à Neuchâtel dans une misère à laquelle mon imprudence a

donné lieu. Comme je n'avais d'autre talent que la musique qui pût me tirer d'affaire, je crus que je ferais bien de le mettre en usage si je le pouvais; et voyant bien que je n'en savais pas encore assez pour l'exercer dans les pays catholiques, je m'arrêtai à Lausanne, où j'ai enseigné pendant quelques mois; d'où étant venu à Neuchâtel, je me vis dans peu de temps, par des gains assez considérables joints à une conduite fort réglée, en état d'acquitter quelques dettes que j'avais à Lausanne; mais étant sorti d'ici inconsidérément, après une longue suite d'aventures que je me réserve l'honneur de vous détailler de bouche, si vous voulez bien le permettre, je suis revenu; mais le chagrin que je puis dire, sans vanité, que mes écolières conçurent de mon départ, a été bien payé à mon retour par les témoignages que j'en reçois qu'elles ne veulent plus recommencer; de façon que, privé des secours nécessaires, j'ai contracté ici quelques dettes qui m'empêchent d'en sortir avec honneur, et qui m'obligent de recourir à vous.

Cette lettre, non plus que les extraits de registres cités plus haut, ne cadre pas bien avec le récit des *Confessions*. Comme je l'ai dit, il faut admettre qu'à Soleure, après que l'ambassadeur de France eut envoyé promener l'archimandrite, il laissa Rousseau revenir à Neuchâtel; et que ce retour n'ayant pas été heureux, dans la détresse où il tomba, Jean-Jacques battit le rappel de tous les côtés : en même temps qu'il écrivait à son père et sans doute aussi à l'ambassadeur, il envoya encore une lettre à Annecy, à l'adresse de Mgr de Bernex, évêque de Genève. « Ce grand évêque, dit-il[1], me recommanda à M. le marquis de Bonac, ambassadeur de France auprès du Corps Helvétique. Il me serait glorieux de détailler ce que ces deux seigneurs avaient eu la bonté de concerter pour mon établissement.... »

Il paraît donc que sur la recommandation de l'évêque, M. de Bonac rappela Rousseau à Soleure, chercha à le caser quelque part, lui trouva une place à Paris, et l'envoya dans cette ville. « On me donna quelques lettres, cent francs pour mon voyage, accompagnés de fort bonnes leçons, et je partis. »

En cette occasion, le grand seigneur français et l'évêque savoyard se conduisirent paternellement; je voudrais pouvoir en dire autant d'Isaac Rousseau.

Comme une bille qui, dans une série de carambolages, parcourt en tous sens le billard, nous voyons Rousseau, à cette époque de sa vie, tenter la fortune en différentes villes de Suisse et de France, et aller de l'une à l'autre, se plaisant à ces voyages à pied dont il a été le premier à

1 Mémoire à S. E. Mgr le gouverneur de Savoie.

vanter le charme, et que d'autres après lui ont
tant aimés :

> Je m'en allais rêveur, le bâton à la main,
> La tête de soleil ou de vent inondée,
> En laissant au hasard le soin du lendemain....

Ainsi se passèrent pour lui deux ans environ
de vie errante, où se succédèrent les bons et
les mauvais jours. Viennent ensuite les longues
années du séjour de Rousseau à Chambéry, la
période la plus confuse de sa carrière, celle où sa
mémoire a le plus brouillé les dates : nous ne
pouvons pas toujours les rétablir avec sûreté. Je
ne puis ici que renvoyer le lecteur au livre de
M. Mugnier.

CHAPITRE XII

LES CHARMETTES

Au cours de sa jeunesse aventureuse, Jean-Jacques Rousseau a essayé de beaucoup de métiers. Celui qui lui a le plus souri est celui de maître de musique à Chambéry. Les jeunes filles qu'il eut pour élèves lui ont laissé de gracieux souvenirs, et il s'est plu à faire une peinture idyllique de la vie qu'il menait au milieu de ce cercle de jolis visages, alors qu'il n'avait pas encore vingt-deux ans. On se demande — et l'auteur des *Confessions* n'explique pas nettement — comment ce train de vie qui lui plaisait si fort, et qui devait être charmant en effet, a été interrompu. « Ayant quitté depuis longtemps mes écolières... », dit-il un peu plus loin dans son

récit. Il les avait donc quittées, et pourquoi?
Leurs familles sans doute avaient cessé de lui
demander des leçons.

Rousseau ne savait qu'à moitié la musique, ne
l'ayant jamais apprise dans les règles. On s'en
était bien vite aperçu. Il ne trouvait à Chambéry
que des amateurs comme lui-même; en sorte
qu'il n'y était pas en mesure de remplir les
lacunes de ses connaissances, et d'étudier à fond
l'art qu'il prétendait enseigner. Après avoir bien
débuté dans cette carrière, il était ainsi arrêté, et
se trouvait dans une situation fausse et précaire.
Puis la maladie était venue, et longtemps l'avait
retenu à la maison. Dans ce temps de loisir, il
avait beaucoup lu. M. de Conzié, un jeune homme
avec lequel il s'était lié, et qui aimait la littérature, lui avait fait partager ses goûts. Rousseau,
pendant toute sa jeunesse, s'est laissé mener par
ceux qu'il a rencontrés successivement; et cette
fois le hasard fut heureux.

M. de Conzié, dit-il, gentilhomme savoyard, jeune et
aimable, eut la fantaisie d'apprendre la musique, ou
plutôt de faire connaissance avec celui qui l'enseignait.
Avec de l'esprit, et du goût pour les belles connaissances, M. de Conzié avait une douceur de caractère
qui le rendait très liant, et je l'étais beaucoup moi-
même pour les gens en qui je la trouvais. La liaison fut

bientôt faite. Le germe de littérature et de philosophie qui commençait à fermenter dans ma tête, et qui n'attendait qu'un peu de culture et d'émulation pour se développer tout à fait, se trouvait en lui. M. de Conzié avait peu de dispositions pour la musique ; ce fut un bien pour moi : les heures des leçons se passaient à tout autre chose qu'à solfier. Nous déjeunions, nous causions, nous lisions quelques nouveautés, et pas un mot de musique. La correspondance de Voltaire avec le prince royal de Prusse faisait du bruit alors ; nous nous entretenions souvent de ces deux hommes célèbres dont l'un, depuis peu sur le trône, s'annonçait déjà tel qu'il devait dans peu se montrer, et dont l'autre nous faisait plaindre sincèrement le malheur qui semblait le poursuivre. L'intérêt que nous prenions à l'un et à l'autre s'étendait à tout ce qui s'y rapportait. Rien de tout ce qu'écrivait Voltaire ne nous échappait. Le goût que je pris à ces lectures m'inspira le désir d'apprendre à écrire avec élégance, et de tâcher d'imiter le beau coloris de cet auteur, dont j'étais enchanté. Quelque temps après parurent les *Lettres philosophiques*. Quoiqu'elles ne soient pas assurément son meilleur ouvrage, ce fut celui qui m'attira le plus vers l'étude, et ce goût naissant ne s'éteignit plus depuis ce temps-là.

On a relevé dans ce paragraphe quelques erreurs chronologiques. Les *Lettres philosophiques* sont antérieures de deux ans aux premières lettres échangées entre Voltaire et le prince royal de Prusse ; et quand celui-ci monta sur le trône, Rousseau avait déjà quitté la Savoie. Mais recherchons plutôt dans cette page le spectacle intéressant d'un grand esprit qui s'éveille en lisant l'œuvre d'un maître, et remarquons le coup d'œil juste et sûr du jeune provincial, qui va droit, dans l'œuvre complexe et déjà si considérable de Voltaire, à un livre qui est encore aujourd'hui des plus agréables à relire et des plus féconds pour la réflexion : les *Lettres philosophiques* ou *Lettres sur les Anglais*, cette œuvre d'une fraîcheur si vive, qui marque un des tournants de la pensée française, comme le fit, quatre-vingts ans plus tard, *l'Allemagne* de Mme de Staël.

Rousseau entrait dans ses nouvelles études avec un esprit curieux et ouvert, une ardeur juvénile, et une intelligence qui commençait à mûrir. Un autodidacte peut aller assez loin dans les sciences et les belles-lettres ; et sur ce terrain Rousseau ne se sentait pas arrêté comme pour l'étude approfondie de la musique. Il se laissa donc aller, comme une eau qui s'écoule où l'entraîne la déclivité du terrain, à ce penchant nouveau que tout favorisait : la conversation de quelques hommes de mérite, comme Chambéry en a possédé toujours ; de grandes facilités pour se procurer des livres, avec un flair heureux pour les bien choisir. Le maître de musique s'effaça en lui devant l'étudiant en lettres et en philosophie.

C'était l'époque où le petit héritage de sa mère lui permettait d'obéir à son caprice, en vivant quelque temps sur l'argent qu'il avait reçu [1]. Quand le souci de l'avenir et d'une carrière à suivre venait le hanter, Rousseau se disait, et il expliquait à son père qui l'interrogeait là-dessus, qu'il se préparait à devenir le secrétaire de quelque grand seigneur, ou le gouverneur d'un jeune homme de qualité. C'étaient des projets raisonnables; et en effet, on voit Jean-Jacques occuper des postes de ce genre dans les années qui suivirent.

En attendant, il était dans un état de santé qui le mettait en souci. Mme de Warens, qui le soignait maternellement, chercha pour lui, dans les agréables campagnes qui environnent Chambéry, un séjour où il pût jouir de la verdure et du

1. Le 5 janvier 1712, après son retour de Constantinople, et six mois avant la mort de sa femme, Isaac Rousseau avait signé une reconnaissance aux termes de laquelle les biens dotaux de celle-ci s'élevaient à la somme de 16 000 florins. Mais l'argent coulait entre ses mains; et quand un peu plus tard (31 juillet 1717) on voulut mettre en sûreté les biens de ses enfants, Isaac Rousseau ne put représenter que 13 000 florins. Cette somme fut placée en prêt dans les mains d'un riche Genevois, M. de Pellissari.

Jean-Jacques atteignit sa majorité (vingt-cinq ans) le 28 juin 1737; et son père lui paya, un mois après, la part qui lui revenait (6 500 florins) dans l'héritage de Suzanne Bernard.

soleil. Ils s'établirent aux Charmettes, sur la pente d'une colline, dans une jolie maison entourée d'un jardin, de prés et de vignes. Jean-Jacques y passa deux fois la belle saison : époque heureuse de sa vie, où il poursuivit et acheva l'entreprise de faire, à vingt-six ans, et tout seul, les études que ceux qui suivent l'enseignement régulier des établissements publics font de seize à vingt ans. Assurément il a gagné en originalité à ce long détour, à ce retard dans son développement. Il avait vécu, il avait souffert; et c'est avec une âme déjà éprouvée, un esprit réfléchi, un sérieux précoce, qu'il abordait les hautes études; il voyait toutes choses sous un autre angle et dans une autre perspective que le gros de la troupe, ceux qui dans leur adolescence avaient suivi tranquillement les leçons de leurs maîtres, et pris la file avec leurs camarades.

On s'est raillé quelquefois du contraste des belles et fécondes théories de l'*Émile* avec le plat insuccès de l'auteur quand il fut, à Lyon, précepteur des enfants de M. de Mably. Mais auparavant Rousseau avait eu affaire à un bon élève; à lui-même, veux-je dire : c'est là qu'il faut voir ce que valait sa méthode. Il était à la fois le maître et l'élève, et tous deux réussirent merveilleusement. Le plan d'études que Rousseau suivit aux Charmettes sera toujours digne d'être médité.

Il s'initiait aux sciences. Nous le voyons prendre en main un fort bon traité, les *Éléments de mathématiques* du Père Lamy; il demande même à son libraire l'*Arithmetica universalis* de Newton, ouvrage de plus difficile digestion, en même temps que les *Récréations mathématiques et physiques* d'Ozanam, qui étaient beaucoup mieux à sa portée. On croirait qu'il a abordé le calcul différentiel et intégral, si l'on prenait à la lettre ce qu'il dit dans les vers du *Verger* :

> Avec Kepler, Wallis, Barrow, Reyneau, Pascal,
> Je devance Archimède, et je suis l'Hôpital.

Les mathématiciens du xviie siècle avaient résolu des problèmes qui eussent arrêté Archimède; et Jean-Jacques, en épelant quelques-unes de leurs découvertes, a pu s'applaudir de savoir ce que l'illustre géomètre grec avait ignoré. Quant au marquis de l'Hôpital, auteur de l'*Analyse des infiniment petits pour l'intelligence des lignes courbes*, si Rousseau avait voulu « le suivre » dans son explication des nouveaux calculs, il se serait bien vite arrêté en route, puisque la géométrie analytique était déjà trop abstruse pour lui. Toujours est-il qu'à ce moment du XVIIIe siècle, les mathématiques et l'astronomie étaient à la mode. Voltaire venait de publier ses *Éléments de la philosophie de Newton*, et il écrivait de Circy maintes lettres à des savants : S'Gravesende, Pitot, Mairan. Le public s'était intéressé aux expéditions scientifiques conduites par Maupertuis sous le cercle polaire et par La Condamine au Pérou, pour mesurer les degrés de latitude. Rousseau, dans un des morceaux qu'il a écrits aux Charmettes, se représente comme « un homme qui, depuis plusieurs années, attendait impatiemment, avec toute l'Europe, le résultat de ces fameux voyages entrepris par plusieurs membres de l'Académie royale des sciences » ; il lisait avec avidité « le précis des observations de ces grands hommes » ; il ébauchait un mémoire sur la sphéricité de la terre ; il a conté dans les *Confessions* la plaisante anecdote de quelques paysans, qui, le voyant, de nuit, observer les étoiles dans son jardin, le prirent pour un sorcier, et allèrent s'effrayant, jusqu'au moment où ils furent rassurés par des jésuites. Dans sa vieillesse encore, il se plaisait à cette branche de la science ; et au moment où il rédigea pour une jeune fille, sous forme de lettres, un cours élémentaire de botanique, il écrivit, pour répondre à une demande du même genre, un *Traité de la sphère*, qui a été retrouvé dans ses papiers, et que M. Streckeisen a publié.

Rousseau étudiait la physique dans les œuvres de Rohault, et faisait maladroitement quelques expériences de chimie. Cela suffisait pour être remarqué dans une petite ville où les savants étaient rares ; et le bruit en parvint, à vingt lieues de là, jusqu'à Nyon où vieillissait le père de Jean-Jacques. Il en fut ému et inquiet, et s'empressa d'écrire à Mme de Warens : « J'ai appris depuis quelques jours que mon fils *soufflait*. Si cela était vrai, j'en serais fort affligé ; car il est impossible qu'une personne ne se ruine en voulant faire des épreuves continuelles de chimie. Il est vrai qu'on trouve de beaux secrets, mais ils sont plus utiles aux autres qu'à celui qui a bien brûlé du charbon pour les trouver. » Les craintes du bonhomme étaient sans fondement. Son fils n'étudiait que pour s'instruire, et ne cherchait pas la pierre philosophale ; mais il manquait des secours nécessaires à ce genre d'études. Il n'y avait pas à Chambéry un cabinet de physique pourvu d'une abondance d'instruments, ni un vrai laboratoire de chimie. C'est plus tard seulement que Rousseau, établi à Paris, put approfondir ces branches de la science, quand il suivit à trente-cinq ans les cours de Rouelle.

C'est plus tard encore, c'est à cinquante ans, qu'il a abordé l'étude de la botanique, lorsque, exilé de France, il passa quatre étés dans le Jura. Il se lia avec les savants du pays, qui l'entraînèrent dans leurs excursions ; ils n'eurent pas de peine à lui faire aimer la recherche des plantes ; c'est un goût qui se liait si bien à celui qu'il avait pour les longues promenades à pied ! Mais au temps des Charmettes, où des courses d'herborisation eussent été pour lui une occupation tout à fait bien choisie, aussi agréable qu'instructive, il ne trouva pas autour de lui, comme plus tard dans le pays de Neuchâtel, un Gagnebin pour l'initier à cette étude. Claude Anet l'avait cultivée, il est vrai ; mais il était mort trop tôt, à un moment où Rousseau était tout entier à la musique.

M. de Conzié, qui, pour cette période de la vie de Jean-Jacques, est le seul témoin dont les dires complètent le récit des *Confessions*, nous donne un renseignement intéressant qu'il faut relever ici : « Son goût décidé pour la lecture faisait que Mme de Warens le sollicitait vivement pour qu'il se livrât tout entier à la médecine : ce à quoi il ne voulut jamais consentir ». Parce qu'un jeune homme aimait les livres, croire que l'art médical fût son fait, ce n'était pas, de la part de Mme de Warens, une preuve de jugement. Elle était arrière-petite-fille d'un docteur en médecine de la faculté de Montpellier; dans ses jeunes années, elle avait pris de l'intérêt aux livres de la bibliothèque qu'il avait laissée. Elle n'était donc pas étrangère à ce genre de lectures, et elle aimait à préparer elle-même des remèdes. Jean-Jacques aussi parle des livres de médecine qui lui tombèrent entre les mains : ils lui brouillèrent l'esprit; il se crut atteint de toutes les maladies qu'il y voyait décrites. — A Montpellier, il entreprit de suivre un cours d'anatomie; après quelques leçons, il se rebuta.

Nous avons parcouru toute la série des études scientifiques de Rousseau. Fontenelle certainement, et Buffon et d'Alembert, firent beaucoup mieux les leurs, avec plus d'ordre et de pondération. Mais tout inférieur que Rousseau demeure à cet égard, tout inégal que soit forcément le labeur d'un autodidacte, cette manière originale de superposer un temps de travail sévère à de longues années de flânerie et de vagabondage, devait amener des effets heureux et rares. La pensée avait ainsi plus de mordant. Rousseau croyait se préparer à quelque poste de précepteur : il s'armait en réalité pour un grand rôle intellectuel. En somme, les efforts méritoires qu'il fit alors, pour suppléer aux énormes lacunes de son instruction première, ont été tout à fait sérieux et efficaces.

Nous arrivons à la partie littéraire du programme des études de Jean-Jacques. Ses lectures embrassaient toute la littérature française, depuis son contemporain Voltaire jusqu'à la seconde moitié du XVIᵉ siècle, où il était familier avec les œuvres de Montaigne et d'Amyot. Il ne remontait guère au delà, quoiqu'il ait lu sans doute Rabelais et Marot, et qu'il cite une fois *le Roman de la Rose*[1].

Une année passée à Turin l'avait initié à la connaissance de la langue italienne, dans laquelle il eut plus tard l'occasion de s'exercer, pendant son séjour à Venise. Il aimait les poètes italiens; dans *la Nouvelle Héloïse*, il cite Pétrarque à maintes reprises. Il avait un faible pour son contem-

---

1. Dans *la Nouvelle Héloïse*, IV, 10 : « Richesse ne fait pas riche, dit le Roman de la Rose ». C'est le vers 5 696 de l'édition de Francisque Michel :

    Si ne fait pas richesse riche
    Celi qui en trésor la fiche.

porain Métastase, dont les vers reviennent souvent sous sa plume; il a traduit du Tasse l'épisode d'Olinde et Sophronie.

Rousseau a raconté à quel propos il apprit à Montpellier quelques mots d'anglais. Je ne sais à quelle époque de sa vie il a repris une étude si légèrement commencée. Mme de Boufflers lui écrivait un jour, en lui envoyant une lettre : « Vous savez assez d'anglais pour l'entendre, et je veux éviter la peine de la traduction ». Rousseau avait donc commencé l'étude de l'anglais; le témoignage de Mme de Boufflers est corroboré par celui de Hume, qui avait accompagné Rousseau de Paris à Londres, en 1766 :

.... Quand nous étions en route, il me dit qu'il était résolu à se perfectionner dans la langue anglaise; et comme il avait appris qu'il existait deux traductions de son *Émile*, il voulait se les procurer pour les lire et en faire la comparaison : étant d'avance familiarisé avec le sujet, il comprendrait plus facilement la version[1].

Mais à peine Rousseau est-il arrivé en Angleterre, qu'il répète à tous ses correspondants qu'il

1. Lettre de David Hume à Suard, datée d'Édimbourg, 19 novembre 1766; publiée dans le *New Monthly Magazine*, janvier 1820. Traduite en français, cette lettre a été publiée dans les Œuvres de J.-J. Rousseau, Paris, Lefèvre, 1820, t. XXI, p. 4.

ignore la langue du pays. Il lisait donc l'anglais [1], sans être en état de le parler; c'est ce qui arrive souvent.

Le latin fut pour notre étudiant l'objet de maints efforts. La suite régulière des études scolaires se remplace mal par l'acharnement d'études solitaires, qu'on recommence de temps à autre. Après s'être donné beaucoup de peine, Jean-Jacques est arrivé pourtant à savoir autant de latin qu'un autre. On a peut-être eu tort de grossir la collection de ses œuvres en publiant la traduction qu'il a faite du premier livre des *Histoires* de Tacite [2]. Mais c'est avec raison qu'on

1. Et même il avait peine à le lire; car il écrivait en 1764 au libraire Panckoucke, qui lui avait proposé de travailler à une édition abrégée des romans de Richardson : « Je me fais bien du scrupule de toucher aux ouvrages de Richardson;... d'ailleurs, *n'entendant pas l'anglais*, il me faudrait toutes les traductions qui ont été faites, pour les comparer et choisir. »

2. Sainte-Beuve a parlé de cette traduction en termes assez favorables :

« En examinant sous le rapport du style ce premier livre des *Histoires*, traduit par l'illustre auteur, nous l'avons trouvé plus digne qu'on ne croit de Tacite et de lui, par le ton libre et ferme qui y respire, et je ne sais quelle sève de grand écrivain qui y circule; on sent qu'il y traite son émule d'égal à égal, et que même, au besoin, il s'inquiète assez peu de le brusquer. M. Burnouf nous pardonnera de préférer la version de Jean-Jacques à la sienne sur trois ou quatre points. » (*Premiers lundis*, I, 240.) — M. Saint-Marc Girardin a jugé cette traduction avec moins d'indulgence (*J.-J. Rousseau*, t. I, p. 149 et suiv.).

a remarqué le choix heureux des épigraphes latines qu'il a mises à ses ouvrages. C'est lui qui a popularisé un hémistiche de Juvénal : *Vitam impendere vero*. Beaucoup de latinistes n'en ont pas tant fait.

« J'apprends le grec », écrivait-il à Mme de Warens, longtemps après le temps des Charmettes. Ah! c'est dommage que le grec soit si difficile à apprendre! Nous pouvons croire que Jean-Jacques s'en est aperçu comme tant d'autres; et nous devons le louer d'avoir fait, au moins pendant quelques jours, un effort méritoire pour épeler cette belle langue.

Au mois de mai 1764, il reçut à Motiers la visite d'un jeune homme que ses écrits avaient enthousiasmé. Dans une lettre que celui-ci écrivit à son père [1], en rendant compte de l'entretien qu'il avait eu avec Rousseau, il remarque qu'Homère lui plaît infiniment :

C'est la simplicité, dit-il, c'est la force de ses tableaux qui m'enchantent. Je n'ai rien vu de pareil nulle part [2]. Je ne sais quel pouvoir ce poète a sur moi, mais je ne

1. Elle a paru dans la *Bibliothèque universelle* de Genève, n° de janvier 1836. — Tout indique qu'elle est de Meister.
2. Voir une note de l'*Émile* sur la description du jardin d'Alcinoüs (au moment de la seconde visite d'Émile chez Sophie).

me lasse point de le lire, même dans la mauvaise traduction latine que j'en ai ; je ne puis pas me consoler de ne pas entendre le grec, pour le lire dans l'original. Dacier a eu la méchanceté de l'habiller à la française ; il n'y a que Diderot qui aurait pu le traduire comme il faut.

Rousseau se servait donc d'une traduction latine, afin de se rapprocher davantage du texte d'Homère, qu'il ne pouvait pas lire dans l'original. Il faisait de même pour Platon, qu'il a aimé comme l'aimait La Fontaine [1]. C'est du latin que Rousseau a traduit

une espèce d'extrait, dit-il, de divers endroits de Platon qui traitent l'IMITATION THÉÂTRALE, et auxquels je n'ai d'autre part que de les avoir rassemblés, *traduits*, liés, et substitué la forme d'un discours suivi à celle du dialogue qu'ils ont dans l'original. L'occasion de ce travail fut la Lettre à M. d'Alembert sur les spectacles [2].

Avec Plutarque, que Rousseau connaissait déjà par les lectures de son enfance, Platon, qu'il cite en vingt endroits, est l'écrivain ancien qu'il paraît avoir préféré.

1. *Sur les dialogues de Platon*, avertissement du recueil qui a pour titre : OUVRAGES DE PROSE ET DE POÉSIE DES SIEURS DE MAUCROIX ET DE LA FONTAINE, 1685.

2. C'est d'après le texte copié sur le manuscrit et donné par M. Jansen (*Rousseau als Musiker*, p. 472), que je cite ici la préface de l'*Imitation théâtrale*.

Nous aurons tout dit sur le chapitre des langues quand nous aurons remarqué que Rousseau, dans ses jeunes années, avait beaucoup entendu parler patois, et savait comprendre ce langage de son pays. Son ami Lenieps s'était amusé un jour à employer, dans une lettre, le patois de Genève, qui était à peu près celui de Savoie; et Rousseau lui répond :

Il faut, cher Lenieps, vous avouer sans détour mon ignorance : je ne suis pas plus habile en savoyard qu'en latin; j'entends l'un et l'autre sans pouvoir les parler. Je vous ai lu, quoi que vous en puissiez croire; mais je ne saurais vous répondre, au moins à votre patois. Car pour votre cœur qui m'aime, soyez sûr que je lui réponds bien.

Çà et là, dans la correspondance de Rousseau, on peut glaner quelques mots patois. Il termine un billet à Coindet en lui disant : *A desando* (à samedi) ; et dans une lettre qu'il envoie des Charmettes à Mme de Warens :

.... les enfers, où les mettrons-nous? Placez-les en ville; car pour ici, ne vous déplaise, *n'en voli pas gés.*

En histoire, les lectures de Jean-Jacques aux Charmettes venaient se rattacher à celles qu'il avait faites, au temps de son enfance, avec son père et le pasteur Lambercier ; dans l'intervalle, il avait vu les hommes et considéré sa propre destinée sous bien des aspects ; ses voyages à pied lui avaient fait traverser deux fois les Alpes, deux fois la France ; il avait du vaste monde une idée plus juste et meilleure qu'un écolier qui apprend la géographie sur les pupitres de sa classe. L'interruption et le retard n'étaient là qu'un stimulant de plus.

Nous achevons la revue des études de Rousseau en arrivant à la philosophie. Il y avait pris pour guide, dit-il, un ouvrage du Père Bernard Lamy, prêtre de l'Oratoire : *Entretiens sur les sciences.* C'est une espèce de coup d'œil encyclopédique sur toutes les branches des connaissances humaines, et un fort bon livre en effet, quoiqu'il doive paraître aujourd'hui bien suranné ; on en jugera par cette plaisante assertion :

A la réserve de deux ou trois points — si les cieux sont solides ou non ; si la terre tourne, ou ne tourne pas, — tous les philosophes sont d'accord.

Si l'on voulait s'attacher à des traits isolés comme celui-là, il faudrait aussi remarquer chez le Père Lamy les premiers mots de son *Idée de la logique* : « Nous sommes l'ouvrage de Dieu, nous

n'avons donc pas sujet de croire que notre nature
soit mauvaise », qui rappellent la première phrase
de l'*Émile* : « Tout est bien, sortant des mains
de l'Auteur des choses ». Mais l'effet d'ensemble
est le principal : l'impression que reçut Rousseau de ce livre, qu'il relut cent fois, dit-il,
fut toute sérieuse et, disons le mot propre, édi-
fiante.

Le Père Lamy était un homme pieux et savant,
qui avait écrit ces *Entretiens* en vue des ecclésiastiques, dont il voulait que les loisirs fussent rem-
plis par de solides études. Un auteur ne sait
jamais qui le lira. Ces pages, qui étaient destinées
à former un clergé instruit et savant, à créer dans
l'Église une élite intellectuelle, elles eurent pour
principal effet d'unir, dans l'esprit d'un jeune
laïque, l'ardeur pour les hautes connaissances
avec le respect pour la religion, et d'être une des
ancres qui rattachèrent un libre penseur à l'Évangile, dans un siècle où l'apologétique chrétienne
fut si faible.

Le long regard que nous avons jeté sur la série
des études que Jean-Jacques a poursuivies aux
Charmettes, nous permet de nous faire une idée
juste du développement de son esprit et de ses

connaissances [1]. Tout un chapitre de sa biographie s'éclaire et se précise ainsi ; mais ce n'est pas là qu'il faut chercher le point de départ de son action dans le monde et dans l'histoire des idées. Ses vues politiques, par exemple, n'ont germé et mûri que beaucoup plus tard. Son opposition aux philosophes de son temps, sa hardiesse à entreprendre d'exercer contre eux une réaction inattendue, ne s'est manifestée que quand il les a eu bien connus, et que le descendant des réfugiés a senti les différences qui le séparaient d'eux.

Le tour romanesque de son imagination, sa conception idéale d'un amour idyllique, remonte au contraire plus haut chez lui, à la lecture de *l'Astrée* dans son enfance, et, dans les années qui suivirent, à quelques rencontres qui lui laissèrent de longs souvenirs. Ces rêves n'ont pu fleurir aux

---

1. Dans cette éducation que Rousseau s'est donnée, les exercices du corps n'ont aucune place : cela ne saurait étonner chez un convalescent. D'ailleurs, c'est sans aucun succès qu'il avait pris les leçons de danse et d'escrime que Mme de Warens lui avait fait donner quelques années auparavant. Il ne savait pas monter à cheval, et n'a jamais manié une arme à feu.

Il faut noter chez lui une très mauvaise vue : il ne voyait pas des pervenches qui fleurissaient au bord du chemin où il passait ; cette myopie a été une des grandes causes de sa timidité et de sa gaucherie.

Charmettes que dans les premiers jours, et bien vite ils se sont envolés : c'était assez pour souffler sur eux et les détruire, de la présence continuelle de Rodolphe Winzenried [1], de ce gaillard déluré et content de lui-même, qui lui fut sans façon préféré.

La foule qui va en pèlerinage aux Charmettes croit faire une promenade sur les collines de Cythère. En réalité, dans ce beau séjour, Rousseau a raffermi sa santé ébranlée; son intelligence s'y est épanouie en liberté; son amour, qui datait déjà de dix ans, y a éteint ses derniers rayons. C'est dans les villes d'Annecy et de Chambéry que Jean-Jacques a aimé Mme de Warens; les Charmettes n'ont vu que les dernières pages du

1. La date, retrouvée dans les archives notariales de Savoie, de l'entrée de Mme de Warens aux Charmettes, au commencement de l'été de 1738, bouleverse toute la chronologie du livre VI des *Confessions*.

La scène si bien racontée, où Rousseau, à son retour de Montpellier, trouve Winzenried installé à sa place, a dû se passer à Chambéry, dans les premières semaines de 1738. Les détails du récit doivent ainsi disparaître : c'est l'imagination de Rousseau qui les a créés; mais le choc avait eu lieu en effet, et les cœurs s'étaient détachés.

Un nuage plana donc sur tout le séjour de Jean-Jacques aux Charmettes Il faut admettre toutefois que dans les premières semaines au moins, une longue absence de Winzenried — laquelle paraît vraisemblable quand on examine attentivement les textes — a rétabli momentanément sur un meilleur pied les relations de Mme de Warens avec Rousseau.

roman; mais ce cadre était si riant et si beau que le roman, qui s'était noué et qui avait été vécu ailleurs, s'y est transporté tout entier; et c'est là que nous allons en chercher le souvenir. Ainsi les choses du passé s'arrangent au gré d'une fantaisie heureusement inspirée; l'imagination du public a été d'accord avec celle de Rousseau lui-même; il se crée toujours des légendes. même pour ceux qui ne sont pas des saints.

Sur un seul point, l'auteur de *la Nouvelle Héloïse* et d'*Émile* a dû beaucoup aux études qu'il a faites, en 1738 et 1739, aux convictions réfléchies qui s'établirent alors chez lui. C'est à cette époque qu'il faut remonter pour voir se dessiner une première fois, dans l'âme de Rousseau, les linéaments de la philosophie religieuse qui est enseignée dans les lettres de Julie et ses entretiens à son lit de mort, dans les discours du vicaire savoyard au jeune homme qu'il catéchise.

Rousseau avait une santé affaiblie, et se croyait mourant. Dans la perspective d'une fin prochaine, il pensait au jugement de Dieu. Il raconte que la dure théologie des écrits de Port-Royal l'épouvantait.

La peur de l'enfer m'agitait souvent, dit-il. Je me demandais : En quel état suis-je? Si je mourais à l'instant même, serais-je damné? Selon mes jansénistes, la chose était indubitable. Un jour, rêvant à ce triste sujet, je m'exerçais machinalement à jeter des pierres contre les troncs des arbres, et cela avec mon adresse ordinaire, c'est-à-dire sans presque en toucher aucun. Tout au beau milieu de ce bel exercice, je m'avisai de m'en faire une espèce de pronostic. Je me dis : je m'en vais jeter cette pierre contre l'arbre qui est vis-à-vis de moi. Si je le touche, signe de salut; si je le manque, signe de damnation. Tout en disant ainsi, je jette une pierre d'une main tremblante et avec un horrible battement de cœur, mais si heureusement qu'elle va frapper au beau milieu de l'arbre : ce qui véritablement n'était pas difficile, car j'avais eu soin de le choisir fort gros et fort près.

Rousseau ne donne pas le titre de ces livres jansénistes qui, on le voit, lui renversaient quelquefois l'esprit. Mais assurément, à les juger au point de vue catholique, ils étaient de mauvais aloi et de fâcheux effet, puisqu'ils amenaient le lecteur à chercher dans le sort l'assurance de son salut, plutôt qu'à recourir aux sacrements de l'Église. Rousseau assure que, par contraste, les visites de deux vieux jésuites qui venaient aux Charmettes[1]

---

1. Rousseau nomme les Pères Hémet et Coppier; mais ses souvenirs ne sont exacts que pour le second. Le Père Hémet était mort à Chambéry, le 22 mai 1738, quelques semaines avant que Mme de Warens fût établie aux Charmettes.

lui faisaient grand bien, et que surtout ses entretiens avec Mme de Warens réussissaient à tranquilliser son âme. « En cette occasion, dit-il, maman me fut beaucoup plus utile que tous les théologiens ne l'auraient été. »

Il faut remarquer ce passage et ce qui le suit dans les *Confessions*. Mme de Warens causait volontiers religion et théologie, et Jean-Jacques ajoute qu'il a beaucoup profité de ses entretiens. Le fait est que Mme de Warens, quelles que fussent ses fautes, avait une âme pieuse, habituée de bonne heure à la pensée de Dieu. Rousseau trouva près d'elle ce que n'ont trouvé ni Voltaire auprès de Mme du Châtelet, ni Diderot auprès de Mme de Puisieux ou de Mlle Voland, ni d'Alembert auprès de Mlle de Lespinasse, ni aucun des philosophes de ce siècle auprès de celles qu'ils aimèrent : quelqu'un avec qui s'entretenir de problèmes religieux et de conceptions théologiques. Qu'un jeune homme destiné comme écrivain à un tel avenir, à un succès européen, se trouvât ainsi, dans ses plus belles années et quand son esprit se formait, en présence d'une femme chez qui les écarts de conduite n'avaient affaibli en rien la ferveur qu'elle tenait de sa race et de ses maîtres, c'était une rencontre inattendue et fortuite, mais elle était pleine de conséquences.

Mme de Warens n'est pas assez connue sous cet aspect : on ne saurait trop insister pour établir ce que je viens d'indiquer.

CHAPITRE XIII

MADAME DE WARENS ET LE PIÉTISME ROMAND

Cent ans après la mort des promoteurs et des
chefs de la Réforme, l'enthousiasme qui les avait
eux-mêmes soulevés s'était éteint dans les Églises
qu'ils avaient fondées en Allemagne et en Suisse :
le bouillonnement des esprits y avait cessé, tout
s'était tassé et aplati. Cet état de choses était fait
pour déplaire à beaucoup d'âmes; la vie chrétienne autour d'eux leur semblait offrir un aspect
morne. Elles demandaient du nouveau, quelque
chose qui les enflammât : de pareils désirs sont
bientôt satisfaits. Un mouvement piétiste — à la
tête duquel se placèrent quelques hommes dont
Spener est le plus célèbre — agita l'Allemagne
protestante à la fin du xviiᵉ siècle, et se propagea

rapidement en Suisse, à Zurich et à Berne. De petits groupes se formaient çà et là dans les villes et les campagnes; on y voyait fleurir la vie religieuse, les idées mystiques, l'indépendance et la ferveur de la foi. Entre les membres de ces cénacles, il y avait une intime communion d'esprit et des liaisons étroites. La piété était le premier intérêt de leur vie. Lire la Bible, s'entretenir avec des frères, assister aux assemblées de ceux qui partageaient leurs sentiments, chanter les beaux cantiques qui furent composés alors, se plonger dans la méditation solitaire des vérités éternelles, tels furent les plaisirs austères de beaucoup de personnes à qui les joies du monde étaient refusées. Elles se passionnaient pour les idées qu'on leur prêchait et d'après lesquelles, tout en adhérant aux dogmes traditionnellement inscrits dans les formulaires, il importait beaucoup davantage de goûter dans le secret d'un cœur fidèle la présence du Dieu vivant, qui est toujours près de ceux qui l'appellent.

Les écrits qui répandaient cette théologie venaient toucher des sentiments qui dormaient au fond des cœurs, et qu'ils réussissaient à éveiller. Les prédicateurs qui adoptaient les idées de cette école étaient bientôt entourés de la sympathie d'auditoires recueillis, avides de leur parole. Quelques missionnaires allaient de lieu en lieu répandre la semence religieuse. Sur la frontière des pays romands, il y avait assez de gens sachant à la fois l'allemand et le français, pour que la limite des langues fût aisément franchie et ne constituât point un obstacle à la propagation des idées. Dans le pays de Vaud, la principauté de Neuchâtel, la ville de Genève, le terrain était favorable : un accueil empressé attendait les messagers qui apportaient une manière toute nouvelle de comprendre le vieil Évangile.

Les pasteurs de la contrée eurent aussitôt l'œil sur eux, et la gendarmerie ecclésiastique fut mise sur pied. Le Consistoire de Genève, en particulier, ne perdit pas de vue un seul jour ces groupes de piétistes, qui tantôt se tenaient sur la réserve et se gardaient de faire parler d'eux, tantôt se laissaient aller au succès de leurs assemblées, et éveillaient alors l'attention du public et de l'autorité. Celle-ci passait au crible chacune de leurs allées et venues, se tenait au courant de toutes leurs réunions, et multipliait les visites et les inquisitions. Un cordon de vigilance entourait perpétuellement les piétistes ; aucun de leurs mouvements n'échappait à la surveillance qu'exerçait la population unanime. Les registres de l'époque nous ont conservé le jugement que portaient sur eux les chefs expérimentés de l'Église protestante ; ce témoignage véridique est en même temps judicieux : les piétistes étaient des hommes souvent inoffensifs ; ils ont pu faire du bien à beaucoup d'âmes ; ils en ont égaré quelques-unes.

Dans les cités suisses, l'État protestant, ayant à quelques égards des pouvoirs d'évêque, se préoccupait de ces nouveautés, et suivait d'un regard soupçonneux les agissements de ces hommes qui troublaient la quiétude des paroisses. Le gouvernement bernois, notamment, nomma en août 1698 des commissaires chargés de faire une enquête, à la suite de laquelle, au mois de juin 1699, des sentences de destitution et d'exil furent portées contre certains pasteurs, et des laïques même. Mais la perte des places ne rompait pas les liens établis entre les chefs et les membres de la secte ; l'exil amenait des déplacements favorables à la création de nouveaux foyers d'activité et d'enthousiasme ; le jeune clergé fournissait incessamment de nouvelles recrues au parti ; une correspondance active unissait tous ceux qui s'appelaient frères ; une politique habile à tourner les difficultés leur devenait familière ; le mystère et les apparences d'une persécution, qui était toujours bénigne en définitive, constituaient des attraits qui attiraient à eux les prosélytes. Pendant les trente premières années du siècle, le petit troupeau mystique, épars çà et là dans la Suisse protestante, fit briller autour de lui la foi qui l'animait.

Mme de Warens était née à Vevey; cette petite ville, gracieusement assise au bord du lac Léman, était un des centres de cette sourde agitation. Au milieu des cercles piétistes qui se réunissaient dans quelques maisons de la ville et dans quelques campagnes des environs, la première place et comme une espèce de présidence appartenait à un homme de vrai mérite, qui avait longtemps vécu dans l'obscurité, François Magny, assesseur baillival et secrétaire du Conseil de ville. C'était l'oracle : chacun l'écoutait avec confiance. Judicieux, calme, réfléchi, il imposait, même aux adversaires. C'est lui qui traduisait les écrits des piétistes allemands; il avait une bonne plume, et, quand il était appelé à défendre ses idées, il savait le faire avec mesure et avec beaucoup de fermeté. Le respect qu'inspirait sa personne, l'âge avancé auquel il parvint (il mourut en 1730 à quatre-vingts ans environ), ses connaissances et ses talents, étaient les fondements d'une autorité établie dans tout le pays. Mais cette situation éminente n'était pas sans quelque inconvénient : elle attirait l'attention du gouvernement, et Magny eut à souffrir de la méfiance qu'il inspirait de ce côté.

Pendant les années où la jeune enfant qui devait s'appeler Mme de Warens, et qui était orpheline de mère, habitait, avec son père M. de la Tour, et ses tantes, un domaine rural dans le voisinage de Vevey, Magny allait volontiers rendre visite à cette famille amie, dont les membres partageaient sa foi. D'autres personnes venaient aussi quelquefois y entendre sa parole : ces réunions portèrent ombrage à l'autorité. Les tantes de Mlle de la Tour furent appelées à comparaître devant le Consistoire de Vevey, à donner des explications. Magny lui-même fut interrogé après elles; et comme ce n'était pas la première fois qu'on avait à lui adresser des remontrances, on alla plus loin. On le dénonça au gouvernement bernois, qui le fit arrêter et conduire à Berne, où la Chambre de Religion ne lui épargna pas les réprimandes et les menaces, en le ménageant néanmoins : il avait affaire à des gens tracassiers plutôt qu'à des persécuteurs. Cela se passait en 1701. En 1702, on chicana de nouveau les tantes de Mlle de la Tour, qui furent mandées en Consistoire. En 1703, ce fut le tour de Magny; il présenta un écrit pour sa défense; on secoua la tête, on en référa à Leurs Excellences de Berne, et Magny fut obligé de se démettre des fonctions municipales qu'il occupait.

Mlle de la Tour n'avait que quatorze ans quand elle se maria, le 22 septembre 1713, avec M. de Loys, à qui son père fit don, à l'occasion de ce mariage, de la terre et seigneurie de Vuarens[1]. La jeune mariée était orpheline, ayant perdu sa mère dans sa première enfance, et son père à dix ans; et elle était une riche héritière : ce qui explique une union si précoce. L'un de ses deux tuteurs n'approuvait point du tout le mariage que l'autre avait arrangé. Non seulement il n'avait pas voulu signer au contrat, dont le projet était déjà dressé huit jours avant le moment où il pouvait être légalement passé, mais il entama un procès afin de le faire annuler. Les deux tuteurs en désaccord furent déchargés de leurs fonctions par les juges, et la tutelle de la jeune fille fut confiée

---

1. Les Bernois, qui gouvernaient le pays de Vaud, avaient fait adopter en ce temps-là leur manière germanique d'écrire le nom de ce village : Warens. Mais on prononçait : *Voiran*, et non pas *Varince*, de même que le nom de Clarens se prononce : *Claran*.

à un personnage neutre; on choisit Magny, comme
étant un homme considéré, d'un jugement pon-
déré et mûr, très vieil ami de la famille. Il ne
resta tuteur que peu de mois, s'étant aussitôt
employé, et avec un entier succès, pour apaiser
le différend et tout concilier en vue d'un mariage
qu'une inclination réciproque, aussi bien que les
convenances de fortune et de société, faisait envi-
sager comme désirable.

Pendant que Magny s'appliquait ainsi à fixer le
sort de la jeune personne, elle était placée en pension à Lausanne, et elle venait passer ses vacan-
ces à Vevey chez son nouveau tuteur. Elle ne s'y
déplaisait point, car elle garda toujours au bon
vieillard un affectueux souvenir; et longtemps
après, elle lui rappelait « les bontés que vous
avez eues pour moi, lui disait-elle, m'ayant bien
voulu servir de père pendant ma jeunesse ».

A peine les bons offices de Magny avaient-ils
aplani heureusement ces difficultés, qu'une autre
affaire plus épineuse vint troubler la vie du vieillard et le forcer à l'exil Il avait jugé à propos de
traduire le gros livre d'un illuminé allemand,
Jean Tennhard, de Nuremberg. Au milieu du
fatras des visions qui le remplissent, se trouvaient
beaucoup d'objurgations adressées aux chefs des

Églises : ce qui devait paraître séditieux aux gouvernements qui les protégeaient. L'antipathie de l'auteur pour ce qui n'était pas la piété intérieure toute pure, l'amenait à mal parler de Luther et de la révolution religieuse qu'il avait allumée.

Le 13 janvier 1710, disait Tennhard, il me fut donné à connaître que le docteur Martin Luther aurait beaucoup mieux fait de garder pour soi la connaissance que Dieu lui avait donnée au commencement, que d'entreprendre d'ériger une nouvelle secte, puisqu'il y en a eu beaucoup moins de sauvés que s'ils fussent demeurés dans le papisme, et qu'ils se fussent adonnés à mener une vie chrétienne. Luther s'est seulement manifesté lui-même, selon sa propre volonté et son plaisir. C'est pourquoi le succès n'en a pas été heureux, et il n'en est résulté que des guerres et des désunions en plusieurs pays. Du reste, aucune de ces religions ne vaut mieux que l'autre....

Cette manière de se placer en dehors des Églises pour les juger, en jetant le blâme de tous les côtés, et en se complaisant dans la contemplation intime des révélations divines — et ce qui en est la conséquence imprévue, une certaine impartialité qu'on ne trouve guère chez les protestants à l'égard du catholicisme romain : ce sont des traits que, cent ans après, Joseph de Maistre reconnaissait encore chez les illuminés de son

temps[1]. Ces traits sont essentiels chez les piétistes;
et, dans le cas particulier, c'est ce qui fait que
Magny, en 1726, n'a pas su trop mauvais gré à
Mme de Warens de sa conversion au catholicisme.

Il y avait là, en revanche, de quoi faire froncer
le sourcil à ceux qui étaient attachés à la cause
de la Réforme. A cet égard, la traduction que
Magny avait faite du livre de Tennhard ne pouvait
que déplaire. On ne voulait pas d'ailleurs que des
ouvrages nouveaux vinssent fournir des aliments
à l'agitation piétiste. En 1700, un premier écrit
de Magny, qui avait fait quelque bruit dans le
pays, avait été supprimé, et l'on avait défendu à
l'auteur d'écrire sur des matières de religion.
L'autorité s'émut de ce que ce commandement
n'avait pas été respecté; et Magny eut beau dire
que ce qu'il venait de publier n'était pas de lui,
qu'il n'était qu'un simple traducteur : cette excuse
n'eut pas de succès. L'orage grondait, et Magny

---

1. « Ces hommes, parmi lesquels j'ai des amis, m'ont
souvent édifié…. Cette secte peut être utile dans les pays
séparés de l'Église, parce qu'elle maintient le sentiment
religieux, soustrait l'esprit à l'action délétère de la Réforme,
et le prépare pour la réunion. Je me rappelle même souvent
avec la plus profonde satisfaction, que, parmi les illuminés
protestants que j'ai connus en assez grand nombre, je n'ai
jamais rencontré une certaine aigreur…. » (*Soirées de Saint-
Pétersbourg*, dernier entretien.)

crut bien faire en se mettant à couvert et en quittant le pays de Vaud. Dans l'automne de 1713, il alla demeurer à Genève, et il y passa sept ans. Il y fut bien accueilli ; il avait des amis parmi les familles les plus haut placées de la petite république : « J'ai séjourné trois ans, dit-il, dans la maison d'un des plus considérables citoyens (M. Trembley) et fréquenté d'autres maisons distinguées ».

Le séjour de Magny à Genève fut longtemps très paisible. Mais le moment vint où les assemblées piétistes se multipliant, et Magny y jouant un grand rôle, une enquête fut ouverte sur le prosélytisme dont on l'accusait. On a deux mémoires qu'il écrivit alors (1718) pour se justifier : il y défend son terrain pied à pied et parle avec l'accent d'un honnête homme. Les protecteurs qu'il avait parmi les membres du Conseil eurent assez de crédit pour étouffer cette affaire, qui eût pu entraîner pour lui un nouvel exil. Néanmoins, pendant les années qui suivirent, il demeura suspect et l'on épia ses démarches. Il inspirait un grand attrait aux personnes sérieuses, que la prudhomie attire : « Il va du monde chez lui comme en procession », disaient ses adversaires. Le Consistoire entendit maintes fois les plaintes et les doléances des pasteurs sur ses agissements. Un jour enfin, les membres de ce corps se trouvèrent très soulagés en apprenant que Magny allait quitter Genève : le gouvernement bernois s'était laissé fléchir et consentait à mettre un terme au long exil du vieillard, qui put aller passer ses dernières années à Vevey, sa patrie. Il n'y retrouva pas Mme de Warens, qui demeurait alors à Lausanne.

Pendant qu'il était en séjour à Genève, il lui avait écrit pour la mettre en garde contre les dangers d'une vie dissipée. Le brillant mariage de sa pupille l'avait fait entrer dans une société riche et amie du plaisir. Mme de Warens n'avait point d'enfants; elle était jeune, jolie, aimable : elle s'amusait. Les cercles piétistes au milieu desquels elle avait passé ses premières années, étaient toujours là, et la regardaient. A la voir si mondaine, ils étaient mécontents. Magny fut averti, et crut de son devoir d'user du droit de remontrance qui appartenait à un ancien tuteur et à un vieil ami. Elle lui répondit en excellents termes, comme à un mentor qu'on respecte et qu'on écoute sans vouloir suivre tous ses conseils :

Je conviens que ma vie paraîtra mondaine à une personne consommée dans la piété, comme vous l'êtes.

Mais... ayez égard à la situation où je suis dès ma plus tendre jeunesse. Mon mariage m'ayant donné quantité de parents, d'amis et de connaissances, qui sont des personnes distinguées par leur naissance et par leurs biens, n'est-il pas juste que je me fasse un devoir de faire mes honneurs chez moi après en avoir reçu, et en recevant tous les jours chez eux, de plus considérables? Je vous avoue que j'ai le cœur placé de manière à être charmée de m'acquitter. D'ailleurs, si vous connaissiez bien le caractère de ces personnes et la manière dont nous vivons ensemble, je suis persuadée que vous ne me trouveriez pas si criminelle; je ne crois pas que la religion condamne des sociétés aussi innocentes.

Je n'ai jamais souhaité de briller, ni de me donner des airs, du bien qu'il a plu à Dieu de me dispenser; je sais que le moyen de lui être agréable est d'user avec modestie des faveurs qu'il nous accorde. Mais je crois qu'il nous est permis d'en user, et de goûter même des douceurs qu'une situation aisée fournit.

Il se peut que ma jeunesse sert à m'éblouir, et à me faire voir les choses sous un faux jour; je vous assure cependant que je me sens très peu attachée à ce que je possède; *je fais les choses avec une indifférence qui me surprend quelquefois.* Suivant le cours ordinaire de la vie, nous n'avons que quelques moments à jouir des objets qui nous attachent et qui nous flattent. Je m'estimerai bien heureuse, si je puis être toujours la même à cet égard, afin que, quand il faudra la quitter, je puisse m'y résoudre sans peine, et rompre facilement les liens qui peuvent encore m'attacher, tandis que j'habiterai cette terre [1]....

1. J'ai abrégé cette longue lettre, que M. Glardon a publiée dans *le Chrétien évangélique* (Lausanne, 1893, p. 16 et

On a remarqué cette phrase : « Je fais les choses
avec une indifférence qui me surprend quelquefois ». C'est une observation frappante et juste,
qui nous montre que cette lettre de Mme de
Warens a été écrite avec beaucoup de sincérité,
après un sérieux retour sur elle-même. Elle mettait
le doigt sur un trait important de son caractère,
qui aide à comprendre le brusque parti qu'elle
prit quelques années plus tard, quand elle quitta
soudain son mari et son pays, et entra dans
l'Église catholique.

Magny passa à Vevey les dix dernières années
de sa vie. Il avait gardé des amis à Genève ; à
trois ou quatre reprises, on le voit y revenir et y
faire des séjours. On admire l'austère attrait que
ce septuagénaire savait inspirer à des jeunes
filles de la bourgeoisie genevoise : elles quittaient
leurs parents pour s'embarquer avec lui sur le
lac, et sortaient ainsi de leur ville natale pour
suivre ce vieillard dans le pays de Vaud, et passer
quelques jours au milieu des cercles piétistes.

17). Elle fait partie d'un important dossier de lettres encore
inédites, adressées par Mme de Warens, soit à ses parents,
soit à son vieux tuteur.

Sans doute, son caractère apparaîtrait sous un jour plus
complet et plus vrai (et je crois aussi, plus favorable), si on
se décidait à publier toute cette liasse.

Elles et lui voyaient dans ces démarches étranges l'effet d'un instinct divin qu'il fallait respecter, quel que fût l'étonnement d'un monde incompétent. Aux pasteurs de Genève, qui lui présentaient quelques observations, Magny répondait dans son langage mystique que ces jeunes personnes étaient *dans les liens*; qu'elles obéissaient, comme un cheval au mors, à des impulsions mystérieuses où il fallait reconnaître la main de Dieu. Ces jeunes inspirées étaient de bonnes familles : c'étaient Jeanne Bonnet, fille d'un membre du Conseil des Deux-Cents, et Judith Rousseau, belle-sœur d'un autre membre de ce Conseil, Jacob Trembley, et tante (à la mode de Bretagne) de Jean-Jacques Rousseau.

En 1724, Mme de Warens quitta Lausanne pour revenir à Vevey, et paraît avoir aussitôt renoué les relations les plus intimes et les plus familières avec le vieil ami qui la connaissait depuis sa naissance, depuis vingt-cinq ans. La confiance et le bon accord qui respirent dans les lettres qu'elle eut à lui écrire, indiquent le rapprochement amical qui s'opéra entre eux quand ils se retrouvèrent après onze ans de séparation. Pas plus alors qu'auparavant, Magny ne voyait en elle une personne convertie, entrée dans les sentiers de la haute piété; mais elle demeurait à ses yeux une de celles dont on ne devait pas cesser d'espérer beaucoup. C'est à la grâce à toucher les cœurs. Magny l'attendait avec la patience d'un croyant, et se plaisait à retrouver près de sa jeune amie le souvenir d'un temps déjà lointain, qui avait été heureux pour elle et pour lui.

Le moment approchait où la jeune femme inexpérimentée allait compromettre sa fortune et son avenir dans de malheureuses entreprises industrielles. M. de Montet a donné le détail de cette lamentable affaire. La déconfiture arriva au bout de peu de mois. Quand Mme de Warens vit venir la ruine, elle ne voulut pas accepter l'humiliation que son incapacité lui avait préparée : elle dénoua par un coup d'éclat une situation embarrassée. Dans l'été de 1726, elle alla en Savoie se jeter aux pieds de l'évêque de Genève, lui disant qu'elle voulait entrer dans l'Église catholique. Elle rompait avec tout son passé : une vie nouvelle commença pour elle.

Dans cette conversion, les questions d'argent et d'amour-propre jouèrent un rôle que M. de Montet a mis hors de doute. La part de la sincérité doit être néanmoins reconnue. Un séjour en

Savoie que Mme de Warens avait fait l'année précédente, l'avait charmée. Elle y avait appris à connaître l'Église catholique. Quand elle fut revenue à Vevey, si elle a causé avec Magny des impressions que son voyage lui avait laissées, et si elle lui a dit que ses préjugés de protestante s'étaient ébranlés dans son esprit, le vieux piétiste l'aura frappée sans doute par son assentiment. Les auteurs qu'il avait traduits en français, Lobstein et Tennhard, l'avaient habitué à une manière impartiale de comparer les Églises; et il était prêt à reconnaître que le protestantisme demeurait inférieur à certains égards. Mme de Warens a pu sentir l'attrait qu'offrent à l'âme les belles cérémonies du culte catholique; elle a pu être frappée de l'autorité qui s'attache à ses traditions séculaires, être touchée de la foi vivante de l'évêque de Genève, qu'elle entendit prêcher à Evian : Mgr de Rossillon de Bernex, digne successeur de saint François de Sales. Elle venait de perdre sa fortune; elle roulait des projets où toute sa destinée était en jeu : dans un moment où son cœur était profondément ému, une parole éloquente et sympathique a pu la pénétrer.

Une fois le pas franchi, elle eut l'occasion d'écrire quelques lettres à Magny, qui alla lui rendre visite à Annecy, où elle s'était réfugiée. Elle lui parla avec une ouverture de cœur qui le persuada de sa candeur; son vieil ami, qui, à vrai dire, était porté à juger en bien ceux qui lui étaient sympathiques, ayant eu à son retour un entretien avec M. de Warens, scandalisa très fort ce mari infortuné, en lui disant que jamais l'âme de sa femme ne lui avait paru si bien tournée du côté de Dieu, et en meilleures dispositions. Ce furent ses propres termes, qui demeurent étonnants pour nous, comme ils l'étaient pour le gentilhomme vaudois. On se demande si Magny n'a pas été dupe; et il y a de bons juges qui le pensent.

J'avoue que je suis d'un autre avis. Magny était très capable d'être sévère en temps et lieu : il le prouva bien à quelques membres véreux des cercles piétistes, Cordier et Donadilhe, qui en imposaient à ses amis, et qu'il sut remettre à leur place. Il connaissait la jeune femme depuis sa première enfance. Combien de fois n'avait-il pas causé d'elle avec sa belle-mère! Parents, amis, voisins, tous lui avaient fait leurs confidences, lui avaient communiqué leurs inquiétudes et leurs soupçons. L'autorité dont il jouissait le mettait à même d'apprendre bien des choses, d'être le dépositaire de beaucoup de secrets. Ce qu'on pouvait justement reprocher à Mme de Warens, il le savait peut-être mieux que son mari, mieux que nous-mêmes. Sans doute il avait tort d'être indulgent, en ce cas comme en d'autres, pour la rupture des liens de famille. Mais peut-être jugeat-il — et encore ici il aurait eu tort en définitive — que, dans la situation nouvelle où s'était placée Mme de Warens, elle serait plus étroitement surveillée, mieux gardée contre les tentations auxquelles elle avait pu succomber. Il connaissait ses faiblesses, il lisait dans son cœur : le bon jugement qu'il a porté d'elle a tout son poids.

Mme de Warens était femme, et pouvait obéir à des motifs discordants. Elle était mobile, et au milieu de toutes les impressions qu'elle était capable de ressentir et qui se succédaient en elle, les heures sérieuses avaient aussi leur place. M. de Conzié raconte que, s'entretenant avec elle, tête à tête, de son changement de religion et d'état, elle lui dit :

Croiriez-vous, mon ami, qu'après mon abjuration, je ne me suis jamais mise au lit, durant deux ans environ, sans y prendre, comme on dit, *la peau de poule* sur tout mon corps, par la perplexité dans laquelle mes réflexions me plongeaient sur ce changement qui m'avait fait secouer les préjugés de mon éducation, de ma religion, et abjurer celle de mes pères. Cette longue incertitude était terrible pour moi, qui ai toujours cru à un avenir éternellement heureux ou malheureux. Cette indécision m'a bien longtemps *bourreaudée* — ce fut là son expression, — mais, rassurée à présent, continua-t-elle, mon âme et mon cœur sont tranquilles, et mes espérances ranimées.

C'est après plus de quarante ans écoulés depuis cet entretien, que M. de Conzié écrivait ces souvenirs de sa jeunesse, et il y paraît encore sous le coup de l'émotion que Mme de Warens lui fit éprouver en lui peignant ces alternatives de confiance et d'effroi au milieu desquelles elle avait longtemps vécu. Cette sincérité qu'il reconnaissait en elle, Magny de son côté en a rendu témoignage, et nous pouvons les en croire tous deux.

L'acte décisif qui sépare les deux parties de la vie de Mme de Warens, de quelques circonstances fâcheuses qu'il ait été accompagné, n'est donc point une de ces démarches intéressées qui ternissent une âme. Après comme avant, et jusqu'à son dernier jour, sans routine et sans hypocrisie, elle a été une personne pieuse; elle a pu, dans ses moments de solitude, rechercher les consolations que la foi offre aux cœurs bien disposés. Dans sa dernière lettre à Jean-Jacques :

« Je viens de lire, lui dit-elle, l'*Imitation de Jésus-Christ*... ». Dans la lettre où M. de Conzié apprit à Rousseau la mort de la pauvre femme, il rapporte que les .huissiers qui étaient allés saisir le peu qu'elle avait laissé, n'avaient trouvé chez elle que des preuves de sa misérable situation, *et des témoignages de sa piété.*

Au moment de la dernière entrevue qu'elle avait eue avec Magny, le bon vieillard était près de sa fin ; il mourut à Vevey au mois de septembre 1730. Assurément Mme de Warens ne put jamais l'oublier ; mais, comme M. de Montet l'a remarqué, il y a beaucoup de choses de son passé dont elle n'a rien dit à Rousseau. L'auteur des *Confessions* semble n'avoir pas entendu parler du vieux piétiste, qui avait vécu dans l'ombre ; Magny est resté complètement inconnu jusqu'à ces derniers temps. Alexandre Vinet, dont il fut un des humbles prédécesseurs, n'a pas même su son nom.

Sa figure aujourd'hui reparaît aux regards. Elle est de celles avec lesquelles un homme du pays se sent familier, tant elle a tous les traits de sa race ! Quelques-uns des hommes d'élite qui ont marqué en ce siècle. dans ce qu'on a appelé le Réveil religieux au sein des églises du canton de Vaud, nous représentent très bien ce qu'a été

Magny. Il n'en diffère qu'en deux points seulement : il avait pour l'autorité civile un respect qui n'est pas de notre siècle ; et c'est en Allemagne, non pas en Angleterre, qu'il trouvait les guides de sa pensée. Dans sa retraite, il recueillait comme une abeille tout le suc de la dévotion germanique ; il nourrissait sa piété de ce qu'il voyait de meilleur dans les ouvrages de la théologie allemande : il était un de ces hommes comme l'Église chrétienne en a possédé beaucoup, qui ont passé ignorés du monde, et qui ont été en leur temps les plus instruits et les plus cultivés de leur pays.

Ce vieillard vénérable dont la parole persuasive charmait les âmes, ce prêcheur qui savait le secret d'attirer les cœurs à lui, Mme de Warens l'avait vu de tout temps dans le cercle de sa famille. A la maison parternelle ou chez ses tantes, petite fille, elle avait levé sur ses cheveux blancs de respectueux regards ; jeune demoiselle, elle avait été sa pupille, sa pensionnaire ; maintes fois, elle l'avait entendu développer ses idées ; dans la célébration du culte domestique, il avait souvent prié Dieu devant elle. Après son mariage, et pendant plus de dix ans, ils restèrent éloignés l'un de l'autre, mais ils correspondaient ensemble. Les liaisons nouées aux premiers temps de la vie se ressoudent après les séparations avec une facilité extrême; l'intimité se rétablit en un jour. Jusqu'à la fin, Magny demeura attaché à Mme de Warens. Après sa fuite, elle n'eut pas dans son pays natal de plus familier confident, ni d'ami plus fidèle.

Ainsi Mme de Warens, pendant toute sa jeunesse, a connu de très près un chrétien éminent, et a été initiée par lui à tout ce que la religion a de plus pénétrant et de plus profond. C'est pour cela que plus tard elle se trouva préparée, elle fut à la hauteur d'un rôle qui demandait une âme religieusement cultivée, quand elle fut appelée à consoler le jeune Rousseau, qui était malade et se croyait mourant, quand elle dut lui servir de compagne dans la recherche inquiète de la foi sur laquelle il voulait s'appuyer. Elle reprit alors, en causant avec un convalescent, dans un riant vallon de Savoie, les sérieux entretiens où elle avait entendu autrefois ses tantes et Magny traiter devant elle les plus hauts sujets, sur la galerie de la petite maison du Basset, où s'étaient écoulés tant de jours heureux et calmes, en face de son beau lac

CHAPITRE XIV

LES IDÉES RELIGIEUSES DE ROUSSEAU

Revenons aux Charmettes, où Jean-Jacques éla-
bora silencieusement ses idées, et essayons d'en
considérer de près la marche encore hésitante.
Dans l'état de langueur où il vivait à ce moment
de sa vie, il se croyait menacé de mourir jeune :
cette pensée l'attendrissait sans l'assombrir, et
dirigeait son esprit vers l'étude de la philosophie
religieuse. La *Profession de foi du vicaire savoyard*, qui fut écrite vingt ans après, était en
germe dans les réflexions qui naissaient chez
l'étudiant, assis au milieu de la verdure, ou se
promenant dans le jardin, un livre à la main, que
bientôt il ne lisait plus, et cherchant à mettre ses

idées en ordre, à accorder les traditions qui lui avaient été enseignées, avec les vues des philosophes et leurs systèmes divers, qu'il se fâchait de trouver incompatibles.

Jean-Jacques avait été un enfant intelligent et précoce. Les instructions du pasteur Lambercier, et plus tard les prêches du dimanche, auxquels il assista régulièrement jusqu'à la fin de sa seizième année, lui avaient donné des principes religieux. Genève à cette date était une espèce de cité de Dieu, où la croyance faisait corps avec le sentiment patriotique. Tout l'entourage du jeune Rousseau était attaché à la foi chrétienne et protestante. Quand il entra dans un atelier de graveur et qu'on dressa son contrat d'apprentissage, son maître promit « de l'élever et instruire en la crainte de Dieu et bonnes mœurs ». Lui-même, avec la docilité de son âge, acceptait sans les discuter les enseignements des pasteurs.

Sans doute, il y avait des incrédules à Genève, déjà dans les premières années du xviiie siècle. On lit dans un manuscrit de ce temps, qu'en 1707, l'avocat Pierre Fatio, qui avait voulu renverser la constitution de Genève, ayant été condamné à mort, il reçut dans sa prison la visite du célèbre théologien Bénédict Pictet.

M. le professeur Pictet lui ayant dit qu'il passait pour
un esprit fort, qui n'admettait pas la Révélation, et ne
croyait pas non plus à une vie à venir, ni au jugement
dernier, M. Fatio lui répondit : « Qu'il était vrai qu'il
avait été autrefois dans ces sentiments-là, pendant quelques années ; mais qu'ayant depuis examiné avec soin
la religion, et les objections et réponses qui se faisaient
de part et d'autre, il avait changé de sentiment, et était
persuadé de la nécessité de la Révélation, laquelle il
admettait, et en conséquence les dogmes et préceptes
qui y sont contenus [1] ».

A la même époque, Robert Vaudenet déclarait
« qu'il ne croyait ni en Jésus-Christ, ni en la vierge
Marie, ni en la rédemption du genre humain par
la mort de Jésus-Christ ; — qu'il ne croyait
aucune révélation, mais ce que la raison naturelle
lui pouvait dicter » ; et il ajoutait « qu'il y avait
à Genève quantité de personnes très distinguées
et très éclairées qui étaient dans les mêmes sentiments » [2]. De ceci on peut douter ; il n'y avait

1. Ms. 94 de la Société d'Histoire de Genève, p. 417.
2. Dans le tome XIII des mémoires de l'Institut genevois,
on peut lire un court mémoire où M. Henri Fazy a raconté
quelques-unes des aventures de Robert Vaudenet. J'ai moi-
même donné dans l'*Alliance libérale* du 5 octobre 1878 une
espèce de supplément au travail de M. Fazy.

Pierre Fatio et Robert Vaudenet étaient liés ensemble.
Celui-ci fit un jour au syndic Pierre Gautier (le grand-père
du célèbre Necker) une insolente algarade. Appelé en justice, il fut défendu par Fatio ; et ce démagogue prononça en
cette occasion un plaidoyer irrespectueux et mordant,
encore inédit (ms. 90 de la Société d'Histoire de Genève).

pas sans doute autant d'esprits forts que le prétendait Vaudenet (qui fut banni de la ville à cause de son incrédulité) et certainement ces idées philosophiques étaient le fait d'individus isolés ou de cercles discrets. Rien n'en avait transpiré dans le milieu où grandissait Jean-Jacques. Jusqu'au jour où il sortit de Genève, personne n'avait attaqué devant lui la religion qu'il entendait prêcher du haut des chaires.

Les *Confessions* donnent un récit assez détaillé du séjour de quatre mois que Rousseau fit à seize ans dans l'hospice des catéchumènes de Turin, quand il eut quitté sa ville natale. Quoique Rousseau entremêle au narré des faits une apologie de sa conduite où il plaide les circonstances atténuantes, quoiqu'on n'ait pour le contrôler que les dates d'entrée et de sortie données par le registre de l'hospice, le tableau paraît vrai et n'est pas flatté. Cet épisode fâcheux de sa jeunesse avait laissé à Jean-Jacques des souvenirs profondément gravés, et rien n'est invraisemblable de ce qu'il raconte. A la suite de son escapade, il s'était mis dans le cas de se convertir au catholicisme. On l'endoctrina. Il se plaît à parler de la belle défense qu'il fit, à dire comment il embarrassa ceux qui argumentaient contre lui. Mais le fait est que, pendant les vingt ans qui suivirent son abjuration solennelle, on ne le voit jamais jeter un regard en arrière sur l'Église protestante qu'il avait abandonnée. Quand il sortit de l'hospice, il n'avait pas gardé mémoire d'un argument non réfuté, il ne lui restait aucune arrière-pensée indocile. Tout ce qu'il y avait eu de huguenot dans son éducation, dans les idées que lui avaient laissées les conversations, les livres et les sermons de Genève, tout était effacé.

On le voit peu après faire des séjours en pays protestant : à Lausanne, il fait quatre lieues chaque dimanche pour aller entendre la messe dans l'église d'Assens ; à Neuchâtel, il écrit à Mlle de Graffenried que la religion catholique est profondément gravée dans son âme, et que rien n'est capable de l'en effacer. Il rentre en Savoie, et on le trouve toujours dans les rapports d'amitié intime et familière avec des curés ou des moines. S'il passe quelques semaines à Cluses, il a pour hôte le révérend Père gardien du couvent des Cordeliers. Mme de Warens a un ami, l'abbé Léonard ; Jean-Jacques le nomme son oncle, l'abbé l'appelle son neveu ; et ils correspondent sous ces noms pendant plus de quinze ans. Quand Rousseau part des Charmettes pour une promenade d'une journée, c'est après avoir entendu la messe qu'un carme est venu dire à la pointe du jour dans une chapelle attenante à la maison. S'il essaie quelques expériences de chimie, l'une desquelles faillit lui coûter la vie, c'est qu'un dominicain en a fait dans ses leçons, et lui en a donné l'idée. S'il va à Montpellier, à Lyon, ses lettres contiennent ses salutations respectueuses, ses très humbles respects pour les révérends Pères jésuites. S'il parle de Genève : « Heureux les Genevois, dit-il, s'ils reprenaient la foi de leurs aïeux ! » — Rousseau avait été bon protestant dans sa ville natale, il fut bon catholique en Savoie.

Il y a cependant une remarque à faire. En quelques mois passés à Turin et à Annecy, Rousseau y avait fait la connaissance d'ecclésiastiques distingués, l'abbé Gaime et l'abbé Gâtier, dont il a aimé la haute et noble nature, et qui lui laissèrent de longs souvenirs; tandis que, pendant ses dix années de séjour à Chambéry, il ne trouva pas, dans le clergé instruit et pieux de cette ville, un homme dont les entretiens lui aient paru aussi frappants. C'est qu'il avait rencontré les deux premiers dans des temps de détresse; il avait eu besoin d'eux, et avait été reconnaissant de leur sympathie; leurs paroles, leurs conseils étaient tombés dans un terrain bien disposé. Plus tard, il était plus difficile et moins ouvert. On remarque aussi qu'il ne nomme jamais un écrivain, un docteur de l'Église, qui est une des gloires de la Savoie, et dont sans doute il entendit souvent parler : saint François de Sales. Ne l'at-il donc pas lu? Ce n'est pas son vieux langage qui eût rebuté Rousseau : il cite vingt fois Montaigne, qui est d'une époque antérieure. Il faut que ce qui a éloigné Rousseau de l'auteur de l'*Introduction à la vie dévote*, ce soit justement l'esprit de dévotion du saint évêque. Rousseau avait du respect pour la religion, il n'avait aucun goût pour les pratiques de la piété.

Quand les problèmes philosophiques se posèrent devant lui, quand il eut lu Descartes, Bayle et Voltaire, sa foi et sa raison couraient le risque de se heurter; mais sa foi était celle d'un bon catholique, répétons-le, et sa raison ne trouva aux Charmettes aucun auxiliaire dans quelque sourd instinct de résistance à l'autorité de l'Église, qui fût inné chez le fils des huguenots. Et, à vrai dire, il n'y eut point de choc. Rousseau était laissé à lui-même; ses idées propres se développaient en lui par une sorte de végétation intérieure, sans qu'aucune autorité inquisitoriale vînt le troubler, en lui disant qu'il devenait infidèle à l'Église. Six ans plus tard, la foi convaincue de son ami Ignace d'Altuna, et les discussions qu'ils eurent ensemble, le forcèrent à se mettre au clair avec lui-même, et à se rendre compte de toute son incrédulité. Aux Charmettes, Rousseau n'était encore qu'un chercheur, et n'allait qu'en tâtonnant; il essayait ses pas, et se retenait toujours d'une main aux enseignements de la tradition. « Les écrits de Port-Royal et de l'Oratoire, dit-il, étaient ceux que je lisais le plus fréquemment. » Ainsi ses lectures le plaçaient dans un courant vraiment français; il n'y avait rien qui sentît le Genevois, le réfugié.

Le protestantisme de langue française avait vu se succéder plusieurs générations de théologiens. Les premiers apôtres de la Réforme avaient publié, pour répandre leurs idées, des livrets et des brochures. Ces opuscules, qui sont maintenant très recherchés par les bibliophiles, étaient déjà des raretés au siècle dernier, et n'étaient pas encore des curiosités : Rousseau ne les a jamais eus entre les mains.

Calvin était venu ensuite, et son coup d'essai, l'*Institution de la religion chrétienne*, qu'il a repris et complété à plus d'une reprise, avait fait de lui l'un des maîtres de la pensée de son temps. Mais ce livre systématique et monumental n'était plus au XVIII⁰ siècle qu'un gros morceau de théologie surannée; il ne semble pas que Rousseau l'ait ouvert et feuilleté. Qu'eût-il pensé en lisant les premières pages, où Calvin écarte d'un pied dédaigneux les problèmes pour lesquels se passionnaient les contemporains de Diderot?

Au XVII⁰ siècle, les professeurs des Académies protestantes de Saumur et de Sedan, et, vers la fin de cette époque, les pasteurs chassés de France, et pour la plupart réfugiés en Hollande, avaient compté parmi eux des hommes distingués, Abbadie et La Placette, par exemple. A Genève, Alphonse Turrettini, que Jean-Jacques enfant a pu entendre prêcher, avait été un homme d'Église éclairé et libéral, un professeur et un prédicateur écouté et admiré; Marie Huber avait publié des livres de théologie qui faisaient quelque bruit, au temps même où Rousseau étudiait aux Charmettes. Mais qu'est-ce que tout cela auprès des penseurs et des écrivains qui faisaient la gloire de l'Église catholique : un Pascal, un Bossuet, un Malebranche, un Fénelon? et autour de chacun de ceux-ci, il y avait tout un groupe où se rencontraient des auteurs moins célèbres, oubliés aujourd'hui, estimés en leur temps et à juste titre ; hommes d'élite qui reconnaissaient pour maître et pour modèle l'un ou l'autre de ces grands hommes. A côté d'eux, Bayle est le seul théologien protestant qu'on puisse citer, le seul aussi dont on puisse dire avec certitude que Rousseau l'a beaucoup lu.

Rousseau avait ainsi l'avantage de faire des études de philosophie religieuse dans les conditions mêmes où les aurait faites tout homme de son âge en France. Il était en chemin, dit-il, de devenir à moitié janséniste. Cela valait beaucoup mieux, pour son succès futur, que d'être tout à fait protestant. Au temps où il n'avait que douze ans, ses parents avaient agité l'idée de lui faire suivre la carrière des études, de le faire entrer au collège plutôt qu'à l'atelier, et de le préparer pour le saint ministère. Si ce projet eût été exécuté, Jean-Jacques n'eût été qu'un autre Saurin, avec plus de talent que celui qu'on connaît. Son influence eût été presque nulle en France et en Europe. Dans l'auditoire de théologie de Genève, au milieu de gens méticuleux, il eût été nourri dans des traditions provinciales, ou plutôt déjà étrangères ; il eût été en dehors du mouvement qui entraînait les esprits de son époque ; il ne se fût pas si bien préparé à agir sur l'âme de ses contemporains. Mieux valait d'abord entrer dans leur foule, quitte à s'en dégager ensuite, mais alors en étant familier avec leurs idées, en étant reconnu par le siècle comme l'un des siens.

Une longue expérience historique montre que le protestantisme français, qui est très solide et très estimable, a perdu depuis trois cents ans le don qu'il avait possédé dans ses premiers jours, de susciter une foule de prosélytes et de provoquer des entraînements. C'est que toute une tradition pèse sur lui : tradition vénérable, et chère aux enfants de la maison; mais le reste du monde y est et y sera toujours étranger.

Le protestantisme germanique, à l'époque où Rousseau publia ses premiers écrits, voyait s'ouvrir devant lui le plus vaste avenir. Lessing et Herder étaient nés; la théologie allemande allait déployer son essor; un grand mouvement intellectuel commençait, un des plus beaux que compte la longue histoire de la pensée chrétienne.

Sur le sol anglais, Wesley rajeunissait les doctrines du xvi⁰ siècle; les disciples formés à son école ont eu des idées religieuses très étroites, mais vivaces et fécondes, merveilleusement appropriées à aider et soutenir une race laborieuse et dure dans la tâche immense qu'elle accomplit au delà des mers. Trois continents, l'Amérique du Nord dès le siècle dernier, l'Australie ensuite, l'Afrique du Sud au moment où nous sommes, ont vu, voient et verront se former des États, se peupler des territoires aussi vastes que l'Europe, où se propage et règne la théologie que Jean Calvin a enseignée à John Knox.

Mais tout cela était en dehors de l'horizon de Rousseau. Dans ses années d'études, comme plus tard dans sa carrière d'écrivain, il n'a connu que les livres et les hommes des églises protestantes de langue française.

Dans le royaume de France, ces églises se reconstituaient en silence et craintivement; elles étaient *sous la croix*, selon leur expression, faibles, respirant à peine, et tout à fait incapables de fournir un point d'appui au semeur d'idées que Rousseau devait être.

En Hollande, en Allemagne, au temps de Bayle et de Le Clerc, les églises du refuge français avaient possédé une brillante élite intellectuelle; mais l'éclat qu'elles avaient jeté s'était vite éteint. Elles se fondaient déjà elles-mêmes dans la population environnante, et disparaissaient peu à peu. Il n'y avait plus rien à attendre d'elles.

Restait la Suisse romande. Mais les églises de Neuchâtel et de Vaud y étaient inaccessibles aux idées nouvelles, et l'église de Genève ne les eût voulu accepter que dans une limite trop étroitement mesurée.

L'horizon du protestantisme français était ainsi fermé de toutes parts. Rousseau, en s'éloignant de Genève, avait échappé au péril d'être enrégimenté dans une secte qui eût barré son avenir, et de revêtir un uniforme qui l'eût absolument gêné dans son action sur le public et dans le développement de sa pensée même. Simple laïque, il a été pourchassé plus tard par les pasteurs et les consistoires. Qu'eût-il fait au milieu d'eux?

Tout était donc pour le mieux quand Rousseau, sans avoir de maîtres, prenait en mains les livres des philosophes de ce siècle fécond qui s'est ouvert avec Descartes :

> Je tâtonne Descartes et ses égarements;
> Avec Locke, je fais l'histoire des idées,

a-t-il dit dans le *Verger des Charmettes*, petit poème qu'il écrivit alors et qu'il fit imprimer aussitôt. C'est le premier ouvrage qu'il ait donné au public; il en distribua les exemplaires à quelques amis, qui sans doute lui en firent compliment ; ce fut tout le succès de cet opuscule. S'il a passé inaperçu en son temps, il a un grand prix aujourd'hui : non qu'on y trouve de beaux vers, mais on y voit un portrait fidèle de l'apprenti philosophe que Rousseau était alors, ami de l'étude et de la flânerie, ébloui de sa petite science, fier d'entretenir commerce avec de grands esprits comme Leibnitz et Malebranche, étalant des noms d'auteurs, Kepler, Huyghens, qu'il ne connaissait que de seconde main ; mais habile à se frayer sa route parmi les livres qu'il avait à sa disposition. Au milieu de ce vagabondage intellectuel, butinant dans tous les sentiers, il se faisait une provision d'idées ; et quoique ayant fait ses études sur le tard, il a réussi tout à fait à se familiariser avec leur objet.

Sainte-Beuve terminait un article sur le docte Huet en disant : « Cet homme, décidément, avait trop lu. Les hommes comme Huet savent trop. Si le monde se réglait sur eux, on n'aurait plus qu'à se ressouvenir... Ce sont, après tout, les ignorants comme Pascal, comme Descartes, comme Rousseau, ces hommes qui ont peu lu, mais qui pensent et qui osent, ce sont ceux-là qui remuent bien ou mal, et qui font aller le monde. » On s'étonne de voir traiter d'ignorants des hommes comme Descartes et Pascal, qui furent des maîtres de la science, et qui, pour faire leurs découvertes en géométrie et en physique, avaient dû commencer par apprendre tout ce qu'on savait à leur époque; mais pour Rousseau lui-même, le mot de Sainte-Beuve n'est pas juste : on ne doit pas méconnaître le résultat des efforts que l'étudiant des Charmettes a si longtemps continués pour acquérir des connaissances.

Descartes avait habitué les esprits à l'idée qu'il fallait commencer par oublier tout ce qu'on leur avait appris, pour n'avoir plus devant soi qu'une page blanche, sur laquelle il se chargeait d'écrire lui-même, ou de guider la main de ses disciples. L'existence de l'être pensant, l'existence de Dieu venaient bientôt s'inscrire sur cette page : c'était simple, et en deux pas on allait très loin. Cette marche de la pensée séduisit Jean-Jacques absolument; il fut gagné dès le premier jour. Les enseignements de chacune des Églises auxquelles il avait appartenu, avaient été reçus par lui avec la docilité du premier âge, mais il ne s'y était point attaché, son cœur n'y était pas. Il laissa de côté l'idée de dogmes révélés, quand ses lectures lui ouvrirent une autre voie où il pouvait s'engager, et lui montrèrent d'autres perspectives. Il n'y eut pas de lutte en lui : ce fut un vieil habit qu'il posa.

Les systèmes compliqués ne lui plaisaient pas; quelques idées simples étaient ce qu'il lui fallait : il les trouva, il les débarrassa de tout ce qui les enveloppait chez ses auteurs, il y crut d'une foi sincère et durable qui persista toute sa vie. Les grandes lignes de la *Profession de foi du vicaire savoyard* flottaient déjà dans son esprit. On peut dire qu'elle date des Charmettes dans tout ce qu'elle a d'affirmatif, tandis que la partie polémique, et contre les Encyclopédistes, et contre la Révélation[1], se rattache à une époque postérieure dans le développement des idées de Rousseau. A Paris, l'intolérance des esprits forts l'a rebuté; en Savoie, il ne les trouvait pas sur son chemin, et les dévots y étaient pacifiques. Personne ne surveillait et n'entravait le développement de ses idées, et ne l'excitait ainsi à quelque lutte. Il

1. Comme étapes intermédiaires de la pensée de Rousseau, il faut citer un morceau allégorique que Mme d'Épinay nous a conservé (*Mémoires*, édition Boiteau, t. I, p. 393 et suiv.) et qui est de l'année 1750 à peu près; — et un autre morceau que M. Streckeisen a publié (*OEuvres et correspondance inédites de Rousseau*, p. 171 et suiv.). Ce second morceau est de la même date que le premier, ou des années qui suivirent, et non pas, comme on l'a dit, de la vieillesse de Rousseau.

devait suivre sans doute les habitudes religieuses qui étaient celles de tout le monde dans le pays, et qu'un nouveau converti, moins qu'un autre, ne pouvait abandonner. Il croyait de tout son cœur au premier et au dernier article du *Credo*, et il suivait le service avec recueillement. Personne ne lui demandait davantage, et il ne se posait pas à lui-même les questions qu'il agita plus tard avec un dévot comme Altuna, ou des philosophes comme Diderot et ses amis. L'assoupissement intellectuel et la paternelle bonhomie des membres du clergé qu'il avait l'occasion de voir, maintenaient le calme fécond de sa vie.

La paix était entière au dehors; mais l'esprit de Rousseau était en travail, et il n'arrivait qu'avec beaucoup de peine à se satisfaire.

Il y a cinq points à considérer, où s'accordent entre eux le piétisme romand d'origine allemande, les souvenirs que Mme de Warens a gardés des enseignements qu'elle a reçus de Magny, et les vues religieuses que Rousseau a portées devant le public français. Un sentiment de piété qui tient une large place dans le cœur sincère, dans la vie de tous les jours; — une grande indépendance en face de l'autorité traditionnelle : le sens individuel se mettant au-dessus de tout; — une notable indifférence pour les questions débattues entre les controversistes protestants et catholiques, et une certaine manière de planer au-dessus des barrières confessionnelles; — l'idée de Dieu, de l'Être suprême, de la Providence, absorbant et comme engloutissant les autres idées théologiques, et constituant presque à elle seule toute la dogmatique; — l'attente et la ferme espérance de l'éternel avenir.

Nous avons vu que ceux qui ont connu de plus près Mme de Warens : Magny, Rousseau et M. de Conzié, s'accordent à lui reconnaître une âme volontiers accessible aux idées chrétiennes; la fragilité de sa vertu ne l'empêchait pas d'être pieuse à ses heures : tout se concilie chez une femme. Et Jean-Jacques de même; depuis que s'est éveillée en lui la pensée que la mort pouvait être proche, il s'est tourné vers Dieu. Il a fait ce que Voltaire et Diderot ne firent jamais : il a pris à tâche de donner à son esprit une culture religieuse. « Je me levais tous les matins, dit-il, avant le soleil.... En me promenant je faisais ma prière, qui consistait dans une sincère élévation de cœur à l'Auteur de cette aimable nature dont les beautés étaient sous mes yeux; je demandais pour moi, et pour celle dont mes vœux ne se séparaient jamais, une vie innocente et tranquille, la mort des justes, et leur sort dans l'avenir. » On a trouvé dans ses papiers et M. Sayous a publié [1] les effusions de ses sentiments :

Dieu tout-puissant, Père éternel, mon cœur s'élève en votre présence. Je reconnais que votre divine Providence soutient et gouverne le monde entier. Ma conscience me dit combien je suis coupable. Je suis pénétré du regret d'avoir fait un si mauvais usage d'une vie et d'une liberté que vous ne m'aviez accordées que pour me donner les moyens de me rendre digne de l'éternelle félicité. Agréez mon repentir, ô mon Dieu. Je me préparerai à la mort, comme au jour où je devrai vous rendre compte de toutes mes actions ; j'emploierai ma vie à vous servir et à remplir mes devoirs. J'implore votre bénédiction sur ces résolutions ; j'implore les mêmes grâces sur ma chère maman, ma chère bienfaitrice, et sur mon cher père....

On a plusieurs pages de ces rédactions : prières faites pour lui seul, et que personne n'a vues avant sa mort ; il en faut reconnaître la sincérité. Les distractions, les soucis, les voyages, les compagnies légères ont dissipé plus tard, à maintes reprises, chez Rousseau, la suite des réflexions sérieuses dont ses oraisons écrites aux Charmettes nous offrent la première trace. Mais on le voit

1. *Le XVIIIe siècle à l'étranger*, t. I, p. 236 et suiv.

aussi s'appliquer à y revenir, et témoigner même
de quelque persévérance dans les habitudes religieuses que jusque dans sa vieillesse il a cherché
à se donner. « Vous lisez la Bible », lui écrivait
Deleyre en 1758; et Rousseau dit dans les *Confessions*, en parlant de sa fuite au mois de juin 1762 :
« Ma lecture ordinaire du soir était la Bible, et je
l'ai lue entière au moins cinq ou six fois de suite
de cette façon ». M. Tenant de Latour a eu la
bonne fortune de rencontrer sur les quais un
exemplaire de l'*Imitation de Jésus-Christ*, annoté
de la main de Jean-Jacques. L'auteur des *Harmo-
nies de la Nature* raconte que « sur la fin de sa vie,
Rousseau s'était fait un petit livre de quelques
feuilles de l'Ancien et du Nouveau Testament. Il
le portait toujours avec lui; mais il me dit un
jour, avec chagrin, qu'on le lui avait volé. »

Mme d'Epinay témoigne du caractère vivace et
même ombrageux de la foi de Rousseau en Dieu,
quand elle rapporte l'apostrophe qu'elle lui a
entendu adresser à Saint-Lambert qui disait :
« Qu'est-ce qu'un Dieu qui se fâche et qui
s'apaise! — Si c'est une lâcheté, répondit Rousseau, que de souffrir qu'on dise du mal de son ami
absent, c'est un crime de souffrir qu'on dise du
mal de son Dieu qui est présent; et moi, mes-

sieurs, je crois en Dieu! » Vingt ans plus tard, Bernardin de Saint-Pierre est un autre témoin, un autre confident, qui, comme Mme d'Epinay, a vu de près le solitaire; il l'accompagnait un jour au couvent du Mont-Valérien : « Nous nous assîmes, dit-il, pour assister à la lecture, à laquelle Rousseau fut très attentif. Le sujet était l'injustice des plaintes de l'homme : Dieu l'a tiré du néant; il ne lui doit que le néant. Après cette lecture, Rousseau me dit d'une voix profondément émue : « Ah! qu'on est heureux de croire! » Il faut le reconnaître, le beau passage de l'*Émile*, si souvent cité : « La sainteté de l'Évangile parle à mon cœur... » exprime autre chose que l'émotion d'un instant; bien des heures ferventes avaient préparé Rousseau à écrire cette page pénétrante.

Des cinq points indiqués plus haut, c'est sur le premier seul qu'il était utile d'insister en rappelant les documents qui l'établissent; on accordera les autres sans peine. Il sera sage d'ailleurs de ne pas fausser en l'exagérant le résultat auquel aboutissent les rapprochements indiqués; il ne faut pas parler de quelque action de la théologie germanique sur la pensée de Rousseau. L'Allemagne n'a donné que le coup de clairon qui a réveillé les églises du pays de Vaud. Des cercles dévots se sont formés dans les contrées romandes ; Mme de Warens a passé son enfance au milieu de parents et d'amis piétistes ; son intelligence précoce et vive s'est familiarisée de bonne heure avec les questions théologiques qui étaient agitées devant elle. Elle se mouvait facilement dans cet ordre d'idées, en personne qui s'y connaissait, ayant reçu les leçons d'un des meilleurs maîtres. Au moment où s'en allait sa jeunesse, elle s'est trouvée ainsi à même de suivre Rousseau dans le travail de débrouillement de sa pensée encore confuse, et d'être pour lui, à cette époque décisive, une confidente des angoisses de son esprit, une interlocutrice capable de le comprendre, et même de l'aider. Mais elle n'était point savante ; et si elle a feuilleté les livres que Magny s'était donné la peine de traduire de l'allemand, ils ne lui ont rien dit ; les élucubrations germaniques n'ont pas eu de prise sur elle. De cette origine lointaine, et pour elle effacée, de l'agitation piétiste où elle avait vécu, il ne lui était rien resté, rien que l'étincelle.

Une certaine logique intérieure rattachait cependant le point de départ — le piétisme allemand qui avait envahi la Suisse française — au point d'arrivée : la *Profession de foi du vicaire savoyard*; et ce qui en est la preuve, c'est que cette même évolution s'accomplissait au même moment chez deux écrivains, deux penseurs distingués, Béat de Muralt et Marie Huber, qui avaient été, dans les premières années du siècle, des piétistes exaltés, dociles aux leçons des inspirés allemands; une réflexion prolongée, appuyée sur une ingénuité courageuse, avait fini par les amener à la religion naturelle [1].

Béat de Muralt, l'auteur des *Lettres sur les Anglais et les Français* — ouvrage intéressant que Voltaire et Rousseau ont cité plus d'une fois, et que Sainte-Beuve aurait voulu voir réimprimer, — publia dans ses derniers jours, sous le titre ironique de *Lettres fanatiques* (1739), une série d'essais de philosophie paradoxale, parmi lesquels on remarque le chapitre intitulé : *De la religion naturelle*; il y prend la défense de ceux qui s'en con-

---

1. Une lettre officielle de l'avoyer de Berne, en date du 8 août 1703, indiquait déjà en termes exprès les affinités du piétisme allemand avec les libres doctrines qu'on appelait *sociniennes* en ce temps-là. L'autorité bernoise signalait à ses voisins de Genève un ouvrage dangereux imprimé en Hollande par Henri Desbordes : *un petit livre intitulé* le Catéchisme des Piétistes, *qui est un pur socinianisme et fanatisme* (welches ein lauterer Socinianismus und Fanaticismus seye).

tentent, et qu'il préférait aux docteurs des églises officielles, sans cependant qu'il consentît à renoncer pour lui-même au privilège d'entendre la propre voix de Dieu, parlant par l'organe des inspirés. Marie Huber, qui d'abord avait été docile comme lui aux leçons des prophètes venus des Cévennes ou de l'Allemagne [1], s'en était, elle, entièrement désabusée; et, dans ses *Lettres sur la religion essentielle à l'homme, dégagée de ce qui n'en est que l'accessoire* (1738), elle avait fait main basse sur les dogmes, ne voulant plus entendre parler que de deux principes fondamentaux : Dieu et la vie éternelle. C'était exactement « conserver le tronc aux dépens des branches », comme l'auteur d'*Émile* le fit à son jour. Quand il vint demeurer en France, Rousseau a, sans doute, eu entre les mains quelques-uns des volumes de Marie Huber; mais les prières qu'il a rédigées aux Charmettes montrent que de son propre chef, et par un indépendant effort, il était arrivé aux mêmes idées qu'elle.

C'étaient des idées simples et nues; et Rousseau, en définitive, en se rencontrant avec ces libres esprits qui étaient restés protestants, se retrouvait

1. Voir, dans le tome IX des *Étrennes chrétiennes* (Genève, 1882), mon article sur *la jeunesse de Marie Huber*.

à la porte de l'Église de ses pères. On a dit que M. de Chateaubriand avait « l'imagination catholique ». On n'a pas assez remarqué combien Jean-Jacques l'avait peu. Pendant quinze ans, à Turin, en Savoie, à Lyon, à Venise, il a passé toute sa jeunesse au milieu d'un peuple qui se plaisait aux belles cérémonies du culte; il a vu passer les processions dans les sentiers d'un pays agreste et dans les riches églises du Midi; il a entendu l'*Angelus* du soir en se promenant dans la campagne; chaque dimanche, il a pu suivre sur son livre de prières ces magnifiques liturgies, ces hymnes, ces litanies où retentit et se prolonge toute la piété des siècles chrétiens : *Consolamini, popule meus.... Salvete, flores martyrum.... O filii et filiæ....* Et rien de tout cela ne le touche ni ne l'exalte; il n'en voit et n'en entend rien; et il fait dire par le vicaire à son jeune catéchumène : « Reprenez la religion de vos pères : *elle est très simple et très sainte* ». La nudité sévère du culte réformé est ce qui plaît à son âme; elle a pour lui l'attrait d'un souvenir d'enfance : l'homme est sensible toute sa vie aux impressions pieuses qu'il a éprouvées à douze ans.

La moitié des penseurs de son époque a été d'accord avec Rousseau sur les bases du système de philosophie religieuse qu'il avait ébauché aux Charmettes; mais il a mis tant d'âme et d'éloquence à prêcher ses convictions, que son nom s'y rattache plus que celui d'aucun autre. A cet égard, dans les lettres françaises, deux générations relèvent de lui. On ne saurait méconnaître l'action qu'il a exercée sur Bernardin de Saint-Pierre et Lamartine. Dans des pages qui datent d'il y a cinquante ans, l'*Espoir en Dieu* d'Alfred de Musset, les beaux vers écrits par Victor Hugo *A Villequier*, on trouve encore un écho de la théologie du vicaire savoyard.

L'oubli est ensuite venu; et depuis longtemps le pauvre Jean-Jacques est négligé, laissé en arrière, perdu de vue. La jeunesse ne lit plus ses livres, elle écoute d'autres maîtres. Si elle veut faire un pèlerinage aux lieux que leur souvenir a consacrés, ce sont les landes de la Bretagne ou les collines des Ardennes qu'il lui faudra visiter; ce n'est plus le jardin des Charmettes. En 1738 et 1739, le chemin qui domine la vigne et la maisonnette a vu éclore des idées qui ont régné cent ans en France. Elles ont aujourd'hui épuisé leur action, mais elles auront toujours une place dans l'histoire de la philosophie religieuse.

CHAPITRE XV

SUZANNE SERRE. — UN DERNIER MOT
SUR Mme DE WARENS

Comme Schopenhauer, Rousseau a dans sa
jeunesse écrit quelques poésies. Le philosophe
allemand, en publiant les siennes, remarque que
sous le manteau du rythme et de la rime, on ose
produire en public ses sentiments intimes, avec
un accent plus libre qu'en simple prose : cela est
vrai aussi de Rousseau. Les rares morceaux en
vers qu'on a de lui, son épître à Parisot, l'*Allée de
Sylvie*, sont les pages les plus personnelles qu'il
ait écrites avant les *Confessions* et les *Rêveries d'un
promeneur solitaire*.

Il avait connu Parisot à Lyon, pendant qu'il était
précepteur des enfants de M. de Mably; et quel-

ques mois après avoir quitté cette ville, en repassant ses souvenirs, il note le changement qui s'est opéré en lui pendant le séjour qu'il y avait fait :

> Enfin, pendant deux ans, au sein de ta patrie,
> J'appris à cultiver les douceurs de la vie....
> C'est toi, cher Parisot, c'est ton commerce aimable,
> De grossier que j'étais, qui me rendit traitable.
> Je reconnus alors combien il est charmant
> De joindre à la sagesse un peu d'amusement.
> Des amis plus polis, un climat moins sauvage,
> Des plaisirs innocents m'enseignèrent l'usage :
> Petits jeux de commerce, et d'où le chagrin fuit,
> Où, sans risquer la bourse, on délasse l'esprit;
> Bons mots, vers élégants, conversations vives,
> Un repas égayé par d'aimables convives.
> Je vis avec transport ce spectacle enchanteur,
> Par la route des sens qui sait aller au cœur.
> *Le mien, qui jusqu'alors avait été paisible,*
> *Pour la première fois enfin devint sensible.*
> L'amour, malgré mes soins, heureux à m'égarer,
> Auprès de deux beaux yeux m'apprit à soupirer.

Ces beaux yeux étaient ceux de Mlle Suzanne Serre. L'auteur des *Confessions* mentionne plus d'une fois cette jeune personne. A dix-neuf ans, dans l'été de 1731, pendant qu'il attendait à Lyon des nouvelles de Mme de Warens, il allait voir au couvent des Chasottes une amie de cette dame :

Je passais mon temps, dit-il, à la grille de Mlle du Châtelet, avec autant de plaisir que de profit; et il est certain que les entretiens intéressants et sensés d'une femme de mérite sont plus propres à former un jeune homme que toute la pédantesque philosophie des livres.

Je fis connaissance aux Chasottes avec d'autres pensionnaires et de leurs amies, entre autres une jeune personne
de quatorze ans, appelée Mlle Serre (*elle n'avait que onze
ans*), à laquelle je ne fis pas alors une grande attention,
mais dont je me passionnai huit ou neuf ans après, et
avec raison, car c'était une charmante fille.

Dans l'automne de 1741, au moment où il quitta
la Savoie pour venir chercher fortune à Paris,
Rousseau s'arrêta à Lyon :

Je ne dois pas oublier, dit-il à cette occasion, une
aimable personne que j'y revis avec plus de plaisir que
jamais, et qui laissa dans mon cœur des souvenirs bien
tendres : c'est Mlle Serre, dont j'ai parlé, et avec laquelle
j'avais renouvelé connaissance tandis que j'étais chez
M. de Mably. A ce voyage, ayant plus de loisirs, je la
vis davantage ; mon cœur se prit, et très vivement. J'eus
quelque lieu de penser que le sien ne m'était pas contraire ; mais elle m'accorda une confiance qui m'ôta la
tentation d'en abuser. Elle n'avait rien, ni moi non plus ;
nos situations étaient trop semblables pour que nous
pussions nous unir ; et dans les vues qui m'occupaient,
j'étais bien éloigné de songer au mariage. Elle m'apprit
qu'un jeune négociant, appelé M. Genève, paraissait
vouloir s'attacher à elle. Je le vis chez elle une fois ou
deux ; il me parut honnête homme ; il passait pour l'être.
Persuadé qu'elle serait heureuse avec lui, je désirais
qu'il l'épousât, comme il l'a fait dans la suite ; et pour
ne pas troubler leurs innocentes amours, je me hâtai de
partir, faisant pour le bonheur de cette charmante personne des vœux qui n'ont été exaucés ici-bas que pour

un temps, hélas! bien court; car j'appris dans la suite qu'elle était morte au bout de deux ou trois ans de mariage.

Un érudit lyonnais, M. Bleton, a réussi à trouver dans les registres paroissiaux quelques renseignements [1] sur la naissance (22 mars 1720) et sur le mariage de Suzanne Serre :

Sieur Jean-Victor Genève, négociant, âgé de trente ans, et demoiselle Suzanne de Serre,... *le dit époux après avoir fait trois sommations respectueuses à dame veuve Genève, sa mère,...* ont contracté mariage par paroles de présent, et reçu la bénédiction nuptiale, ce 26 janvier 1745.

De plus, les dites parties Jean-Victor Genève et Suzanne de Serre nous ont déclaré de leur fait un enfant mâle, né le 12 novembre de l'année dernière 1744, qu'ils ont représenté ce jour d'hui de la célébration de leur mariage.

Deux autres enfants naquirent de cette union : au baptême du dernier, né le 5 janvier 1752, la mère de M. Genève représentait la marraine absente : elle s'était donc réconciliée avec le jeune ménage. On voit aussi que Rousseau était mal informé quand il dit que Suzanne Serre est morte après deux ou trois ans de mariage.

1. *Revue du Lyonnais*, 1892. — Voir aussi le *Bulletin des travaux de l'Université de Lyon*, t. II, p. 582 et suiv.

Il y a, dans les manuscrits de la bibliothèque de Neuchâtel, quelques morceaux qui donnent d'intéressants détails sur ce que Rousseau, nous l'avons vu, appelle son *premier* amour. L'auteur des *Confessions*, je l'ai déjà dit, écrivait ses brouillons sur les premières feuilles venues ; après les avoir ensuite recopiés de sa belle écriture, il détruisait ces papiers où s'était épanché son premier jet. Un petit nombre de fragments épars se sont conservés pourtant ; j'en ai cité deux spécimens (pages 149 et 203). En voici d'autres, qui se rapportent évidemment à Mlle Serre [1] ; ils sont de la meilleure manière de l'écrivain. Ce n'est qu'une esquisse, quelques coups de crayon négligemment jetés ; il est dommage que Rousseau n'ait pas achevé le dessin :

Elle avait de la modestie et de la pudeur ; elle aimait la vertu ; l'honnêteté lui était plus chère que la vie, et je ne saurais dire combien tout ce qu'elle faisait m'en paraissait plus touchant.

**

Mon cœur était en paix devant elle, et ne désirait rien.

1. Je suis sur ce point en désaccord avec mon savant ami M. Jansen, qui estime (*Rousseau als Botaniker*, p. 158) que quelques-uns de ces fragments se rapportent à Mme Basile ou à la Merceret. — Le lecteur jugera.

**

Le mot d'amour n'a pas même été prononcé entre nous. Mais il m'est impossible de perdre la forte persuasion d'avoir été passionnément aimé d'elle.

**

... Mon Dieu! qu'un « je vous aime », dit comme on voudra l'imaginer, eût été froid au milieu de tout cela! Oui, j'en suis convaincu, si l'un des deux se fût avisé de dire à l'autre : « Je vous aime », l'autre eût à l'instant répondu : « Vous ne m'aimez plus ».

**

Hommes sensuels, vantez tant qu'il vous plaira vos plaisirs grossiers; je vous défie à tous, tant que vous êtes, d'avoir jamais rien goûté de semblable aux délices dont mon cœur fut inondé durant ces six mois [1].

**

... Si, dans cette situation, nos yeux se fussent rencontrés une seule fois, c'en était fait : elle était une fille perdue. Mais si nous évitions de nous regarder étant seuls, nous nous dédommagions bien dans la foule; et l'effet des regards qui s'élançaient de nos yeux nous apprenait assez quel eût été leur danger dans le tête-à-tête.

1. Jean-Jacques sans doute embrasse et réunit le temps pendant lequel il a connu de plus près et aimé Mlle Serre, pendant ses deux séjours à Lyon, dans l'automne de 1744 et dans l'hiver précédent.

... Cette sévérité m'était cent fois plus délicieuse que n'auraient été ses faveurs. Il me sembla qu'elle me traitait comme une chose qui était à elle; qu'elle me recevait en propriété; qu'elle s'emparait de moi. Elle ne me pria plus de rien; elle ne fit plus que me commander.

Elle m'ordonna de lire, et je lus. Je lisais mal, il m'était difficile de bien lire devant elle; elle me reprit deux ou trois fois; enfin elle m'imposa silence. Je fus touché; je la suppliai de me permettre de continuer; elle le permit; je continuai, je n'ai jamais si bien lu de ma vie.

Une fois, hélas! une seule fois en ma vie, ma bouche rencontra la sienne. O souvenir! te perdrai-je dans le tombeau?

Durant ce voyage, elle semblait avoir redoublé d'affection pour moi; je trouvais dans ses caresses quelque chose de plus doux et de plus tendre encore; et mon pauvre cœur, toujours sensible, volait au-devant des témoignages de son amitié.

Elle me dit : « Nous sommes bons amis, ce me semble. — Oui, lui dis-je, et nous aurions pu l'être encore plus. Ah! combien je vous aurais aimée! Mais il eût fallu pour cela cinq conditions, dont la plus aisée est impossible, et sans lesquelles il n'y faut pas songer. »

Elle resta interdite, et ne répondit rien. Cela était naturel; mais ce qui ne l'était pas, ce fut un certain tour d'yeux qui accompagna ce silence, et que je n'oublierai de ma vie, que je ne saurais peindre. A l'instant....

Ce mouvement presque imperceptible repoussa mon cœur pour jamais.

*
 * *

Et voilà tout. Quelle fin bizarre, et vraisemblable en même temps! Le pauvre Jean-Jacques ne joue pas un beau rôle dans cette scène. Elle en rappelle d'autres, que les *Confessions* ont racontées aussi.

En somme, tout s'est arrangé pour le mieux. Suzanne Serre a eu un mari et des enfants; c'est ce qu'elle voulait sans doute, et cela était naturel. Jean-Jacques, tout gauche et empêché qu'il était auprès d'elle, était un jeune homme plein de hautes espérances; son instinct lui disait de ne pas compromettre son avenir. Il a quitté Mlle Serre comme Gœthe s'est détourné de Frédérique et de Charlotte, et il a eu la gloire. L'aurait-il pu atteindre également, s'il avait conduit à l'autel la jolie Lyonnaise?

Notons un fait intéressant, déjà signalé par M. Jansen [1]. Le bruit de la passion du jeune Rousseau pour Mlle Serre avait couru jusqu'en

____

1. *Rousseau als Musiker,* p. 32.

Suisse; et plus de vingt ans après, la tante du philosophe genevois, en répondant le 5 décembre 1764 à une lettre de lui, lui écrit : « Je remercie Mlle Serre ». La bonne dame la confondait avec Thérèse Le Vasseur, qu'elle avait vue en juillet 1754, quand Rousseau revint au pays, et alla faire visite à sa vieille parente. — Jean-Jacques répondit à sa tante quelques jours après [1]; et sans relever sa bévue, il remet Mme Goncerut dans la bonne voie en lui disant : « Recevez les remerciements et les respects de Mlle Le Vasseur ».

Jean-Jacques partit donc pour Paris au mois de décembre 1741. Un long temps s'écoula [2] jusqu'au moment où le *Mercure de France*, dans son numéro d'octobre 1749, lui fit connaître le programme du concours ouvert par l'Académie de Dijon, et lui ouvrit sa carrière d'écrivain. Dans cette période de sa vie, Rousseau était jeune encore; mais les soucis et les tracas de l'existence le préoccupaient

---

1. M. Streckeisen (*Œuvres et correspondance inédites de Rousseau*, p. 392) a donné à cette lettre le faux millésime de 1762.

2. Rousseau a bien senti qu'il lui avait été utile de passer à Paris ces années de stage, où il cherchait encore sa voie : « Il y a une certaine pureté de goût, écrivait-il à un de ses amis genevois, et une correction de style, qu'on n'atteint pas dans la province, quelque effort qu'on fasse pour cela ».

plus qu'en Savoie. Mme de Warens n'était pas là
pour assurer le vivre et le couvert; il lui fallait
s'évertuer, songer à faire son chemin : existence
affairée et inquiète, qu'on se représente facilement; aujourd'hui plus que jamais, c'est celle
de tant de jeunes gens venus de province !

Mais presque tous sont arrivés à Paris tout
droit, en sortant de leur ville natale; tandis que
Rousseau, après avoir quitté la sienne, a passé
une grande partie de sa jeunesse en d'autres
endroits de la province. Quand il entra dans la
capitale, il avait déjà derrière lui une longue
chaîne de souvenirs. Il avait été un enfant précoce par le sentiment et l'intelligence; et c'est
assez tard qu'il a fait sa trouée dans le monde
littéraire, quand son premier *Discours* parut au
mois de janvier 1751. Trente ans de vie intérieure
s'étaient écoulés pour lui, quand il se révéla à ses
contemporains. La durée de cette lente incuba-
tion se partage en trois parties. Jusqu'à la seizième année, Genève pesa sur lui et marqua son
empreinte; ensuite, pendant un temps tranquille
et long, le doux pays de Savoie et le charme féminin de Mme de Warens lui ouvrirent des horizons
plus riants; à vingt-neuf ans, il entra dans le
tourbillon parisien.

C'est ici que nous l'abandonnons; mais je veux, avant de finir, parler encore une fois de Mme de Warens.

On a beaucoup de lettres d'elle; mais ce sont des lettres d'affaires ou de compliments, peu intéressantes. En deux occasions seulement elle se découvre : quand elle écrit à Winzenried une lettre piquante[1] où elle le remet à sa place, et quand, en répondant[2] à une lettre de Rousseau que nous n'avons pas, mais que nous devinons, elle lui parle aussi en femme bien née : « Ce n'est pas le coup que vous m'avez porté qui m'afflige : mais c'est la main dont il part. Si vous êtes capable de faire un moment de réflexion, vous vous direz à vous-même tout ce que je pourrais répondre ».

MM. de Montet, Metzger et Mugnier ont publié des pièces d'archives en grand nombre; et néanmoins nous ne sommes pas en mesure de nous faire une idée nette de ses affaires. Nous n'avons pas l'équivalent d'une série de bilans annuels, d'un compte de *profits et pertes*. On a fait passer

1. Mugnier, *Mme de Warens*, p. 299.
2. Mugnier, *Mme de Warens*, p. 306. — Ces deux lettres ont été écrites à quinze jours de distance.

sous nos yeux beaucoup de contrats, une volu-
mineuse correspondance, mais presque point de
comptes. Mme de Warens, par exemple, eût souvent à faire à ses créanciers des délégations sur sa
pension : la série complète de ces pièces serait
plus parlante que toutes les paperasses qu'on a,
et qui éveillent notre curiosité sans jamais la
satisfaire.

Nous en savons davantage sur son caractère :
nous avons la déposition de trois témoins très
bien informés. J'ai déjà parlé (p. 7) de la grande
lettre où M. de Warens s'épanche en confidences sur ses mésaventures. Un autre document
du même ordre est la lettre que M. de Conzié
adressa en 1786 au comte... [1]. Les premiers
livres des *Confessions* venaient de paraître, on en
parlait à Chambéry ; on questionna curieusement
le vieux M. de Conzié, qui soixante ans auparavant avait vu Mme de Warens à Évian, au moment
où elle quittait le pays de Vaud, et qui, pendant le
reste de la vie de la baronne, avait eu avec elle

1. *Mémoires de la Société savoisienne d'histoire*, t. I,
p. 77 et suiv. — Metzger, *La conversion de Mme de Warens*,
p. 235 à 246. — M. Mugnier (*Mme de Warens et Rousseau*,
p. 140) a fait justement observer que le destinataire de cette
lettre ne saurait être le comte de Mellarède, comme l'avait
cru le premier éditeur, et comme tout le monde l'a répété
après lui.

d'amicales relations. Sa lettre au comte... et celle de M. de Warens à son frère, sont deux témoignages qui doivent peser tout autant que celui de Rousseau ; et, ce qui ne doit pas étonner, le témoignage de l'ami est plus favorable à la pauvre femme que celui du mari et de l'amant.

Je ne crois pas qu'il faille prendre en un mauvais sens quelques mots de M. de Conzié, qui appellent pourtant un commentaire :

Enfin, dit-il, cette charmante et digne femme, sans argent, sans crédit et accablée de dettes, eut l'heureuse ressource de plaire à un vieux seigneur de la première distinction, qui fournit durant qu'il vécut aux journaliers nécessaires de la subsistance de cette malheureuse baronne.

Mme de Warens a gardé longtemps son charme et sa grâce ; et quoique sa jeunesse fût bien loin quand elle quitta les Charmettes au printemps de 1749, un vieillard a pu trouver du plaisir à l'avoir pour voisine à Chambéry, à lui demander souvent quelques moments d'entretien[1]. Mais la malignité

---

1. M. de Conzié ne nomme pas ce seigneur : tout indique qu'il s'agit de Jacques d'Allinges, marquis de Coudrée. Ce n'est pas l'avis de M. Mugnier (*ouvrage cité*, p. 327 et suiv.). Dans une revue allemande (*Zeitschrift für neufranzösische Sprache und Litteratur*, XIV et XV), j'ai indiqué les raisons pour lesquelles je ne partage pas sur ce point l'avis de mon savant collaborateur.

des voisins suspecta évidemment ces relations,
qui étaient innocentes, je le veux croire; et nous
avons un écho de leurs méchants dires dans un
endroit des *Confessions* où Rousseau parle de son
passage à Chambéry, au mois de juin 1754 :

A Lyon, je quittai Gauffecourt pour prendre ma route
par la Savoie, ne pouvant me résoudre à passer si près
de maman sans la voir. Je la revis.... Dans quel état,
mon Dieu! *Quel avilissement! Que lui restait-il de sa vertu
première?* Était-ce la même Mme de Warens, jadis si
brillante? Que mon cœur fut navré! *Je ne vis plus pour
elle d'autre ressource que de se dépayser.*

Sans doute, Rousseau à Chambéry entendit
parler de Mme de Warens en très mauvais termes
et sans ménagement, comme d'une femme entre-
tenue. Triste retour des choses! Dans ses belles
années, avec Claude Anet, avec Jean-Jacques,
avec Winzenried, elle n'avait pas respecté le commandement : *Non mœchaberis*; mais c'était alors
une jeune et jolie femme, qui gardait les apparences et conservait son rang dans le monde. En
1754, l'âge était venu, et aussi la ruine et la
détresse : Mme de Warens avait perdu la considération publique.

Il semble que Rousseau lui ait laissé voir
l'impression qui fut alors la sienne, et qu'il a

rapportée dans les *Confessions*. Le fait est que depuis leurs entrevues de cette année, qui furent sans doute pénibles à l'amour-propre de Mme de Warens, elle ne s'adressa plus à lui, quoique sa misère fût grande, et que Jean-Jacques fût en état de l'aider, bien plus que dans la période précédente, où de temps en temps il lui avait envoyé de petites sommes. Elle était femme, elle fut fière une fois :

.... solo fixos oculos aversa tenebat.

Le *vieux seigneur*, dernier appui de Mme de Warens, mourut bientôt; elle avait vieilli elle-même; les maladies vinrent; ses dernières années furent assombries par la pauvreté. Jean-Jacques avait oublié son ancienne maîtresse; il écrivait son roman. Saint-Preux, c'était lui-même, avec ses avides désirs et le feu de ses passions; il place les aventures de son héros dans le temps de ses propres années de jeunesse [1]; mais il a beau leur donner pour cadre la contrée même où Mme de Warens a vécu longtemps heureuse : tout entier

---

1. Dans la dernière partie de la *Nouvelle Héloïse*, Claire d'Orbe parle de la bataille de Fontenoy (11 mai 1745) que les Français viennent de gagner, dit-elle. A ce moment, Saint-Preux dans le roman, et Rousseau en réalité, avaient atteint tous les deux la trentaine.

à sa création idéale, Jean-Jacques ne pense plus à la personne réelle, à la dame âgée qui souffre et va mourir loin de lui, sans qu'il lui envoie une marque de souvenir.

C'était elle pourtant qui, jeune et brillante, lui était apparue un jour inoubliable : belle et noble comme Julie d'Étange, elle avait accueilli le pauvre garçon, si gauche à ses premiers pas dans le monde. Et depuis lors, à maintes reprises, quand il était revenu de Turin, de Lyon, de Besançon, battu de l'oiseau, sans ressource et sans appui, chaque fois c'était chez elle qu'il avait trouvé, comme le pigeon de la fable, bon souper et bon gîte. Elle n'avait pas été seulement l'amie des mauvais jours : quand se préparait l'avenir du jeune musicien, du jeune étudiant en philosophie, c'était elle qui lui avait aplani le chemin ; c'étaient ses entretiens, c'étaient ses confidences qui lui avaient fait connaître le monde et les hommes ; c'est en lisant dans ses yeux qu'il avait appris à suivre les replis du cœur féminin. Toutes les sages maximes qu'elle-même n'avait pas su observer dans sa conduite, toute l'expérience de la vie qu'elle avait si chèrement achetée, il les avait reçues d'elle, enveloppées du charme de sa causerie et de la grâce de son sourire. Quand il la quitta enfin après douze ans d'intimité, il laissa en Savoie une dette infinie.

C'est nous, postérité, qui la devons payer à la mémoire de Mme de Warens. Sans elle, on peut le croire, l'auteur du *Contrat social* aurait réussi à percer. Si Rousseau, par exemple, en venant de Soleure à Paris, avait trouvé dans la grande ville un accueil engageant, il s'y serait fixé dès 1731, et il aurait fait son chemin tout droit, sans ce long détour qui a été en définitive si heureux pour lui. Nous n'aurions rien perdu de ce qu'il y a d'âpre et de révolutionnaire dans son talent. Mais les œuvres les meilleures de sa maturité n'auraient pas trouvé en lui le terrain qui a été lentement préparé pendant qu'il passait sa jeunesse en Savoie : douces et fertiles années où sa nature s'est assouplie dans une tiède atmosphère, temps de loisir prolongé où il allait au hasard, ignorant son génie, ne se doutant pas du rôle qui lui était destiné et des succès qui l'attendaient, attentif uniquement à ne pas quitter la gracieuse main dont il aimait l'étreinte.

FIN

TABLE DES MATIÈRES

Coulommiers. — Imp. Paul BRODARD. — 103-96.

LIBRAIRIE HACHETTE ET Cie

BOULEVARD SAINT-GERMAIN, 79, A PARIS

LES
GRANDS ÉCRIVAINS FRANÇAIS

ÉTUDES SUR LA VIE

LES ŒUVRES ET L'INFLUENCE DES PRINCIPAUX AUTEURS

DE NOTRE LITTÉRATURE

Notre siècle a eu, dès son début, et léguera au siècle prochain un goût profond pour les recherches historiques. Il s'y est livré avec une ardeur, une méthode et un succès que les âges antérieurs n'avaient pas connus. L'histoire du globe et de ses habitants a été refaite en entier; la pioche de l'archéologue a rendu à la lumière les os des héros de Mycènes et le propre visage de Sésostris. Les ruines expliquées, les hiéroglyphes traduits ont permis de reconstituer l'existence des illustres morts, parfois de pénétrer dans leur pensée.

Avec une passion plus intense encore, parce qu'elle était mêlée de tendresse, notre siècle s'est appliqué à faire revivre les grands écrivains de toutes les littératures, dépositaires du génie des nations, interprètes de la pensée des peuples. Il n'a pas manqué en France d'érudits pour s'occuper de cette tâche; on a publié les œuvres et débrouillé la biographie de ces hommes illustres que nous chérissons comme des ancêtres et qui ont contribué, plus même que les princes et les capitaines, à la formation de la France moderne, pour ne pas dire du monde moderne.

Car c'est là une de nos gloires, l'œuvre de la France a été accomplie moins par les armes que par la pensée, et l'action de notre pays sur le monde a toujours été indépendante de ses triomphes militaires : on l'a vue prépondérante aux heures les plus douloureuses de l'histoire nationale. C'est pourquoi les grands penseurs de notre littérature intéressent non seulement leurs descendants directs, mais encore une nombreuse postérité européenne éparse au delà des frontières.

Depuis que ces lignes ont été écrites, en avril 1887, la collection a reçu la plus précieuse consécration. L'Académie française a bien voulu lui décerner une médaille d'or sur la fondation Botta. « Parmi les ouvrages présentés à ce concours, a dit M. Camille Doucet dans son rapport, l'Académie avait distingué en première ligne la *Collection des Grands Écrivains français....* Cette importante publication ne rentrait pas entièrement dans les conditions du programme, mais elle méritait un témoignage particulier d'estime et de sympathie. L'Académie le lui donne. » (Rapport sur le concours de 1894.)

J. J. JUSSERAND.

VOLUMES DE LA COLLECTION DÉJA PARUS

DANS L'ORDRE DE LA PUBLICATION

(Janvier 1896.)

———

VICTOR COUSIN, par M. *Jules Simon*, de l'Académie française, secrétaire perpétuel de l'Académie des sciences morales et politiques.

MADAME DE SÉVIGNÉ, par M. *Gaston Boissier*, secrétaire perpétuel de l'Académie française.

MONTESQUIEU, par M. *Albert Sorel*, de l'Académie française.

GEORGE SAND, par M. *E. Caro*, de l'Académie française.

TURGOT, par M. *Léon Say*, député, de l'Académie française.

THIERS, par M. *P. de Rémusat*, sénateur, de l'Institut.

D'ALEMBERT, par M. *Joseph Bertrand*, de l'Académie française, secrétaire perpétuel de l'Académie des sciences.

VAUVENARGUES, par M. *Maurice Paléologue*.

MADAME DE STAEL, par M. *Albert Sorel*, de l'Académie française.

THÉOPHILE GAUTIER, par M. *Maxime Du Camp*, de l'Académie française.

BERNARDIN DE SAINT-PIERRE, par M. *Arvède Barine*.

MADAME DE LAFAYETTE, par M. le comte *d'Haussonville*, de l'Académie française.

MIRABEAU, par M. *Edmond Rousse*, de l'Académie française.

RUTEBEUF, par M. *Clédat*, professeur de Faculté.

STENDHAL, par M. *Édouard Rod*.

ALFRED DE VIGNY, par M. *Maurice Paléologue*.

BOILEAU, par M. *G. Lanson*.

CHATEAUBRIAND, par M. *de Lescure*.

FÉNELON, par M. *Paul Janet*, de l'Institut.

SAINT-SIMON, par M. *Gaston Boissier*, secrétaire perpétuel de l'Académie française.

RABELAIS, par M. *René Millet.*

J.-J. ROUSSEAU, par M. *Arthur Chuquet*, professeur au Collège de France.

LESAGE, par M. *Eugène Lintilhac.*

DESCARTES, par M. *Alfred Fouillée*, de l'Institut.

VICTOR HUGO, par M. *Léopold Mabilleau*, professeur de Faculté.

ALFRED DE MUSSET, par M. *Arvède Barine.*

JOSEPH DE MAISTRE, par M. *George Cogordan.*

FROISSART, par Mme *Mary Darmesteter.*

DIDEROT, par M. *Joseph Reinach*, député.

GUIZOT, par M. *A. Bardoux*, de l'Institut.

MONTAIGNE, par M. *Paul Stapfer*, professeur de Faculté.

LA ROCHEFOUCAULD, par M. *J. Bourdeau.*

LACORDAIRE, par M. le comte *d'Haussonville*, de l'Académie française.

ROYER-COLLARD, par M. *E. Spuller.*

LA FONTAINE, par M. *G. Lafenestre*, membre de l'Institut.

Chaque volume, format in-16, broché, avec un portrait en héliogravure. **2 fr.**